Las historias de amor de la Biblia nos hablan

También de Shannon Bream

Las mujeres de la Biblia nos hablan
Las madres e hijas de la Biblia nos hablan

SHANNON BREAM

Las
HISTORIAS
de
AMOR
de la
BIBLIA
nos
HABLAN

Trece lecciones bíblicas sobre
romance, amistad y fe

ORIGEN

Penguin
Random House
Grupo Editorial

Título original: *The Love Stories of the Bible Speak*

Primera edición: mayo de 2024

Esta edición es publicada bajo acuerdo con Harper Collins

Copyright © 2023, Shannon Bream
Copyright © 2024, Penguin Random House Grupo Editorial USA, LLC
8950 SW 74th Court, Suite 2010
Miami, FL 33156

Traducción: María José Hooft
Imagen de cubierta: © amirage/Shutterstock

A menos que se indique lo contrario, todas las citas bíblicas fueron tomadas de la Santa Biblia,
Nueva versión Internacional, NVI, ©1973, 1978, 1984, 2011.

Impreso en Colombia / *Printed in Colombia*

ISBN: 979-8-89098-002-1

24 25 26 27 28   10 9 8 7 6 5 4 3 2 1

ORIGEN es una marca registrada de Penguin Random House Grupo Editorial

Mi amado Sheldon:

Entre todas las historias de amor que Dios escribirá,
la nuestra siempre será mi preferida.

Nosotros amamos porque él nos amó primero.
—1 J<small>UAN</small> 4:19

Contenido

Introducción

Siempre lloro en las bodas... y mucho. No influye cuánto conozca a los novios; más bien me maravillo al ver el salto de fe
que dan dos personas que se prometen la vida y el corazón el
uno al otro. Recuerdo que, mientras caminaba hacia el altar,
rebozaba de emoción porque estaba profundamente enamorada de Sheldon y entusiasmada por el futuro que imaginába-
mos juntos. Antes de que mi padre y mi padrastro caminaran a
mi lado hacia el altar, mi padre me miró y empezó a llorar. Su
emoción me confundió un poco, porque yo estaba lista para
ir saltando de gozo hasta el frente de la iglesia y dar comienzo a la fiesta.

A la mitad de la ceremonia, el pastor nos pidió a Sheldon
y a mí que nos diéramos vuelta y miráramos a nuestros familiares y amigos. Lo que vi me sorprendió. Sus tres hermanas
lloraban tanto que me llegué a preguntar si estaban en contra de que su hermano se casara conmigo. Es probable que las
pobres parejas también sientan esa confusión al verme llorar
durante toda su boda.

Es una cuestión de perspectiva. En la boda, todos pien-
san en ese ingrediente mágico que el corazón desea: amor. El
amor ha inspirado cautivantes poemas y magníficas sinfonías,
gestos importantes y sacrificios extremos. Pero también está

presente en las decisiones triviales, como darle a otra persona el último pedazo de pastel de cumpleaños o cuidar sus heridas, tanto físicas como emocionales. Cada una de las personas que están en la ceremonia pueden pensar en distintas facetas del amor. A menudo, la joven novia, como lo era yo, desborda de optimismo y pensamientos de romance (aunque definitivamente habíamos sorteado algunos incendios antes de ingresar a la iglesia aquel día). Otros pueden recordar sus desilusiones amorosas, ya que saben a partir de su experiencia que el camino por delante pondrá a prueba cada sílaba de los votos que los novios están por pronunciar y que la comunidad que los rodea marcará la diferencia. Algunos invitados recordarán el día en que dijeron "Sí, acepto" y se preguntarán cómo se convirtieron tan rápido en abuelos, una bendición que pareció haber llegado de la noche a la mañana.

Lo importante es que el amor es mucho mayor que los meros sentimientos románticos. Incluso en las bodas, en las que nos reunimos para celebrar lo que muchos consideramos la forma más directa de romance, podemos apreciar cuánto más grande y más variado es el amor para cada persona que forma parte de la congregación. De la misma manera, en la Biblia hay distintos tipos de historias de "amor", como el romance de Cantares, la amistad de Pablo y Bernabé y el amor de Cristo por nosotros.

El amor es fundamental para la vida cristiana y, en especial, es importante conocer la manera en que Dios, y no el mundo, lo define. Hace un tiempo, volví a leer 1 Corintios 13 y todos estos temas me impactaron. Si has asistido a bodas cristianas, es probable que lo hayas escuchado varias veces, ya que es el pasaje más frecuente de todos los tiempos en estas ceremonias. Un conocido nos dio un hermoso cuadro con este pasaje escrito en caligrafía como regalo de boda. Es un recordatorio inspirador y desafiante de cómo debe ser el amor y cómo debemos representarlo en nuestra vida.

Los primeros cuatros versículos comienzan diciéndonos que, sin amor, prácticamente todo lo demás no tiene valor, validez ni sentido. Olvídate del poder, el dinero y la fama —todo aquello que el mundo valora— porque, en la economía del cielo, el amor es la única moneda que importa. Esa es la primera lección: el amor no es opcional.

> Si hablo en lenguas humanas y angelicales, pero no tengo amor, no soy más que un metal que resuena o un platillo que hace ruido. Si tengo el don de profecía y entiendo todos los misterios; si poseo todo conocimiento, si tengo una fe que logra trasladar montañas, pero me falta el amor, no soy nada. Si reparto entre los pobres todo lo que poseo, si entrego mi cuerpo para tener de qué presumir, pero no tengo amor, nada gano con eso.
> 1 Corintios 13:1-3

En resumen: puedes tener las mejores habilidades de oratoria, puedes tener la capacidad de ver el futuro y comprender los acertijos más complicados del universo, puedes tener una fe inquebrantable, puedes dar todo a quienes están en necesidad y sacrificar tu propia vida, pero, sin amor, todo eso no tiene ningún sentido.

Estos versículos deberían llamarnos la atención. Podemos hacer, ser e intentar muchas cosas, incluso cosas completamente positivas, pero si actuamos a partir de una motivación diferente del amor más puro, podríamos habernos quedado en el sofá de casa comiendo chocolates. Es muy importante que aprendamos a amar de la manera que describe Pablo:

En efecto, toda la Ley se resume en un solo mandamiento:
"Ama a tu prójimo como a ti mismo".

Gálatas 5:14

En ese mismo pasaje, Pablo nos exhorta a que nos sirva-
mos "unos a otros con amor" (Gálatas 5:13b). Entonces, sabemos que el amor debe ser la base de todo lo que hagamos
en esta vida y que la definición de esa palabra fija un estándar
increíblemente alto.

Esto nos lleva a la segunda lección. ¿Qué es el amor? No
es lo que el mundo o nuestras emociones nos dicen. Solo podremos comprender y compartir el amor de verdad y en su
forma más pura si permitimos que Dios nos muestre el camino. Como verás en las próximas páginas, todo amor verdadero
está arraigado en Dios. No es tan solo la fuente de amor, sino
que Él es amor. Creó a Adán y Eva a su imagen y semejanza
para que estuvieran en una comunión eterna con Él. Derramó
su corazón en el aliento de nuestros pulmones y continúa
haciéndolo.

A menudo ruego que Dios me permita ver los verdaderos
motivos por los cuales llevo a cabo algunas acciones y, a veces, me avergüenzo cuando me muestra el espejo. ¿Hice los
mandados de ese conocido para ayudarlo en su necesidad o
porque deseo que me quiera más y piense que soy una buena persona? ¿Me motiva el amor por los demás o por mi auto-
imagen? Para ser honesta, con frecuencia las buenas obras
son más egoístas de lo que parecen desde afuera.

También nos encontramos con este problema: hallar el
equilibrio para "hablar desde el amor". Sabes cómo es: ves a
alguien que está en dificultades y sabes que, si ordenara su
vida y dejara de autosabotearse, su camino sería mucho más
fácil. Es decir, ¡mira lo bien que va tu propia vida! Decides que

ha llegado la hora de confrontarlo —tú sabes— por su propio bien. Aprieta el botón de pausa por un momento. Examina tu corazón. ¿Estoy ignorando la viga que está en mi ojo para hacerle notar la paja que está en el suyo? ¿Lo estoy haciendo con aires secretos de superioridad, como si me estuviera dignando a estirarme para sacarlo del lodo sin haber mirado las manchas sobre mis zapatos? No cabe duda de que el amor verdadero se acercará a los demás y los ayudará, pero debemos recordar cómo lo hizo Cristo. Ya hablaremos más al respecto.

Aquí se complica el asunto.

> El amor es paciente, es bondadoso. El amor no es envidioso ni presumido ni orgulloso. No se comporta con rudeza, no es egoísta, no se enoja fácilmente, no guarda rencor. El amor no se deleita en la maldad, sino que se regocija con la verdad. Todo lo disculpa, todo lo cree, todo lo espera, todo lo soporta. El amor jamás se extingue.
> 1 Corintios 13:4-8a

No mentiré: siento una profunda convicción mientras leo esa lista. Muchas veces estuve por debajo de estos estándares. Por cierto, ¿se supone que debemos amar a los demás conductores? Porque, en ese contexto, parece difícil cumplir con las cualidades "paciente" y "no se enoja fácilmente".

Pero ahora vienen las buenas noticias.

El amor de Dios por cada persona que lee esta página o escucha estas palabras es perfecto e invencible. No tiene límites ni manchas ni condiciones. No importa dónde hemos estado ni qué hemos hecho; su amor por nosotros no se desvanece. No tienes que hacer nada para ganar su amor y nadie te lo puede quitar.

Pues estoy convencido de que ni la muerte ni la vida, ni los ángeles ni los demonios, ni lo presente ni lo por venir, ni los poderes, ni lo alto ni lo profundo, ni cosa alguna en toda la creación podrá apartarnos del amor que Dios nos ha manifestado en Cristo Jesús nuestro Señor.

Romanos 8:38-39

¿Existe algo que pueda dar más tranquilidad y esperanza que eso? El Dios del universo te ve, te conoce y te ama sin dudarlo.

A medida que crecemos en Él y permitimos que su bondad llene nuestra alma y nuestra vida, nuestra capacidad para amar a los demás también aumenta. En este lado del cielo, jamás alcanzaremos la perfección, pero si estamos dispuestos a seguir su ejemplo, Él nos dará lo que necesitamos para hacer las paces con ese familiar irritante, con ese compañero de trabajo traicionero o con aquel vecino que se compró un gallo. A veces, oro que Dios me dé la *voluntad* para intentar caminar ese camino, luego veremos si efectivamente avanzo.

Su amor nos cubre y nos rodea; nos compele a ser mejores y está allí para sanarnos cuando nos equivocamos. También nos capacita para que hagamos todo aquello que Él modela para nosotros.

La Biblia está llena de historias acerca de personas que no llegan a cumplir los estándares de Dios. Vemos interpretaciones impías del amor en las relaciones tóxicas de la Biblia, como en la imprudencia de Sansón, la arrogancia de Asuero y la cobardía de Adán y Eva. Sin embargo, también vemos cómo Dios extiende su misericordia a sus hijos perdidos.

Por otro lado, en Cantares, vemos el gozo y el deseo de dos personas que no ven la hora de casarse. Esto nos recuerda que Dios nos creó con todos esos anhelos de pasión y conexión. Tenemos el privilegio de ser testigos del amor desinteresado de Rut por su suegra, Noemí, cuando podría haberse alejado de una situación desesperante. Era tal la devoción de Jonatán por su amigo David que le juró lealtad a él, en lugar de jurársela a su padre asesino, el rey Saúl. Y, a lo largo de todo el Nuevo Testamento, presenciamos las numerosas amistades de Pablo en sus viajes misioneros, que sirvieron como fundamentos para la iglesia primitiva.

De alguna manera, estas historias confirman nuestras suposiciones culturales acerca del amor y, de otra manera, las desafían. Al estudiarlas, comenzaremos a comprender cómo amar de la manera en que Dios ama.

Cada uno de nosotros está en su propio camino que lo llevará a darse cuenta de cuán profundo es el amor de Dios por él y aprender a amar a los demás de la manera en que Dios los ama. En estas páginas, leeremos sobre todo tipo de historias de amor: romance, amistad, comunidad y mucho más. Algunas son puras, como Dios lo diseñó. Otras son un caos devastador. Si has leído alguno de mis libros anteriores, ya sabes que creo que el Señor puede obrar en ambos escenarios. Ansío transitar esta aventura contigo.

Amor romántico

Cantar de los cantares

El regalo del amor

Cantares

Se trata de la historia de amor más conocida de la Biblia, pero no mentiré: en varias ocasiones me he sentido intimidada por el Cantar de los Cantares (también llamado Cantar de Salomón). Es un hermoso libro, que está lleno de descripciones floridas, momentos íntimos y sentimientos efusivos. Como es un poco atrevido, no lo enseñaban en las lecciones de la escuela dominical y eso hacía que lo hojeáramos en medio de pícaras risas mientras intentábamos comprender de qué se trataba. Hace poco, visité una iglesia con unos amigos y noté que el sermón sería sobre este misterioso libro. Lo primero que pensé cuando vi que la congregación consistía mayormente en veinteañeros fue "¡Qué incómodo!". No escuché a muchos pastores que hablaran sobre Cantares desde el púlpito y me intrigaban las lecciones profundas y prácticas que este pastor compartió elocuentemente con nosotros.

Los principios entretejidos en este libro romántico marcan un fuerte contraste con lo que la sociedad moderna nos dice acerca de las relaciones. Nos muestran la verdad sobre el diseño de Dios del romance, el amor y el sexo. ¡Son su creación! En Cantares, tenemos una perspectiva interna de unos novios que desean estar juntos, pero están comprometidos con la virtud de esperar hasta el momento correcto para despertar el amor. Se cubren con elogios, respeto y admiración, así como con su evidente atracción física. Una y otra vez, vemos su deseo por unirse en matrimonio y su respeto por los límites que los distancian.

Cuando encuentras a tu amado, la espera puede parecer eterna. Recuerdo que, el día de mi boda, mis damas de honor y yo nos juntamos alrededor de las pequeñas sillas y mesitas del lugar para los niños de la iglesia mientras terminábamos nuestro maquillaje y mirábamos cómo la aguja del reloj avanzaba lentamente hasta marcar la hora en que me encontraría con Sheldon en el altar. Pude echar un vistazo por las ventanas y vi a mis familiares y amigos caminando por el estacionamiento y entrando a la iglesia. Sentía la emoción y la impaciencia latir en mi pecho. No me daba miedo caminar hacia el altar. Parecía un caballo de carreras enardecido que está atrapado detrás de la puerta de salida. *¡Que comience la fiesta, amigos!* Al igual que la novia de Cantares, sabía que había encontrado a un hombre realmente íntegro que me volvía loca.

A lo largo de los siglos, ha habido mucho debate (y aún lo hay) acerca de si Cantares es una alegoría más amplia sobre el amor de Dios por Israel o el amor de Jesús por la iglesia. Creo que siempre es posible que las palabras de las Escrituras señalen hacia el panorama completo del amor incondicional de Dios y su plan de redención para la humanidad, pero muchos estudiosos consideran que Cantares es una historia de amor literal; una que está repleta de enseñanzas prácticas sobre cómo debemos valorar nuestra relación y a nuestro cónyuge. Y, aunque no menciona el nombre de Dios, su sabiduría siempre está presente en la historia. Al igual que el libro de Ester, en el cual tampoco se menciona directamente a Dios, Cantares contiene verdades acerca de Él. En Ester, presenciamos el cuidado de Dios por su pueblo por medio de Ester y Mardoqueo y vemos cómo salva al pueblo. Aquí, vemos el regalo del matrimonio conformado de acuerdo con los planes de Dios.

Este libro está lleno de poemas intensos y honestos, y contiene algunas de las expresiones más profundas de amor y devoción que se hayan escrito en el mundo antiguo. En el diálogo entre Salomón, el "amado", y su novia retumba el amor y el deseo que tienen uno por el otro. También nos muestra la belleza y el poder de nuestros anhelos naturales. Como el fuego, que puede destruir sin límites, la pasión por sí sola puede ser desastrosa. Pero, al igual que una llama contenida y encausada es un recurso para preparar comidas deliciosas, crear una calidez acogedora o refinar metales valiosos, la pasión también puede ser increíblemente beneficiosa, como el cemento de un compromiso de por vida. Ese es el contexto de Cantares: una celebración del cortejo y el matrimonio.

Uno de los nombres del libro nos indica cuán significativo es. Salomón era conocido por su sabiduría y se le atribuyen más de mil canciones. Pero esta se consideraba la más importante: una canción para superar a todas las demás. Suele creerse que el rey Salomón era tanto el autor como el novio de la balada. Él y su esposa, una sunamita, están enamorados. La redacción es tan colorida que algunos estudiosos creían que era mejor que quienes eran tentados por la lujuria no lo estudiaran. Orígenes, un escritor cristiano de la antigüedad, en su libro *Comentario al Cantar de los Cantares* advertía:

> Aconsejo y recomiendo a quienes aún no son libres de las vanidades de la carne y la sangre y no han dejado de sentir

la pasión de su naturaleza carnal que se abstengan de leer este libro y lo que se dirá acerca de él.[1]

Eso no disuadió a los teólogos que, a lo largo de los años, sabían cuán útiles podían ser las amorosas palabras de este libro para quienes buscan la ayuda de Dios en el ámbito del romance, así que metámonos de lleno en él.

La novia

Desde el comienzo, vemos que la novia deja en claro su deseo por Salomón.

> Ah, si me besaras con los besos de tu boca...
> ¡Mejor es tu amor que el vino!
> La fragancia de tus perfumes es placentera;
> tu nombre es bálsamo aromático.
> ¡Con razón te aman las doncellas!
> Cantares 1:2-3

La novia no era tímida para expresarle a su amado exactamente cómo se sentía. Todo acerca de este hombre revoluciona sus sentidos. La novia también elogia su buen nombre, es decir que su reputación y su carácter son agradables para quienes lo observan. Entiende por qué tantas otras mujeres quisieran ser su novia y no le avergüenza compartir estas palabras de admiración.

Continúa describiendo su propio aspecto y luego celebra el de su novio.

Soy morena y hermosa,
hijas de Jerusalén;
morena como las tiendas de campaña de Cedar,
hermosa como las cortinas de Salomón.
No se fijen en mi tez morena
ni en que el sol me bronceó la piel.
Mis hermanos se enfadaron contra mí
y me obligaron a cuidar las viñas;
¡y mi propia viña descuidé!
Cantares 1:5-6

Es importante recordar que, para la novia y su contexto cultural, la referencia a la tez morena significaba que no había tenido el lujo de quedarse dentro de su casa. Había trabajado afuera en vez de vivir una vida más privilegiada. Sus hermanos "se enfadaron" y la obligaron a trabajar en el campo. Este versículo insinúa que tuvo que dejar a un lado su propio cuidado para hacerlo.

La novia también declara abiertamente que quiere estar con su novio.

Cuéntame, amor de mi vida,
¿dónde apacientas tus rebaños?,
¿dónde al mediodía los haces reposar?
¿Por qué he de andar como mujer con velo
entre los rebaños de tus amigos?
Cantares 1:7

Quiere saber dónde está el novio para encontrarlo. Es probable que la referencia a una "mujer con velo" aluda a una mujer con valores morales cuestionables. Esta novia no quería que la confundieran de esa manera, sino que quería mostrar su rostro con orgullo en presencia de su hombre. Los novios intercambian cumplidos sinceros en el primer capítulo y dejan sus intenciones en claro. Veremos la perspectiva de Salomón más adelante.

En el capítulo 2, la novia se autodenomina "una rosa de Sarón, una azucena de los valles" (v. 1). No parece ser una declaración presuntuosa, sino una manera de reconocer cómo se ve a sí misma gracias al novio. Estas flores eran adorables, pero se las veía en abundancia. Es decir, no se pone por encima de las demás mujeres. Salomón la ve como una mujer pura y adorable, y responde:

> Como azucena entre las espinas
> es mi amada entre las doncellas.
> Cantares 2:2

Desde la perspectiva del novio, ella es excepcional. El amor que la novia recibió y dio hizo que su belleza floreciera; las hijas de Jerusalén la llaman "la más bella de las mujeres" (Cantares 1:8, 5:9).

Las palabras de elogio del novio hicieron que la novia se sintiera confiada y atractiva. Piensa acerca del poder de las palabras entre los cónyuges. En medio de un argumento o una cadena de frustraciones, es fácil atacar con palabras que hieren profundamente y dejan cicatrices en el otro. Todos tenemos tiempos de conflicto en nuestro matrimonio, pero la manera en que los enfrentemos fortalecerá o erosionará los cimientos de nuestra relación. Cuando hay mucha tensión, evitar la crítica y la culpa puede exigir muchísimo autocontrol. Sheldon y yo hemos estado en desacuerdo, como cualquier pareja, pero desde el comienzo tomamos la decisión de no cruzar la línea de convertir nuestras palabras en armas. Si eso significa que saldremos enojados de la habitación o gritaremos en un almohadón, que así sea. En ocasiones estuve tan enojada que sentía como si una bomba nuclear acabara de estallar dentro de mí, pero no quiero vivir lamentándome por haber dañado nuestra relación sagrada con palabras venenosas.

En lugar de eso, con el pasar de los años, Sheldon ha hecho que creyera en mí misma gracias a su ánimo y aliento constantes. Esto no quiere decir que nunca nos equivoquemos, sino que nos hemos propuesto intentar hacer las cosas bien casi siempre. No quiero que nadie compita conmigo para ser la admiradora número uno de mi marido. ¡De ninguna manera! Esa soy yo y estoy dispuesta a luchar por ese puesto. Quiero que mis palabras lo animen y lo desafíen para hacerle saber que me asombra su integridad y que estoy agradecida por su personalidad. También creo que es increíblemente apuesto, y ¿qué marido no quisiera escuchar eso? Salomón y su novia nos muestran la belleza de prodigar reafirmaciones positivas.

La novia sigue elogiando al novio:

Cual manzano entre los árboles del bosque
es mi amado entre los jóvenes.
Me encanta sentarme a su sombra;
dulce a mi paladar es su fruto.
Cantares 2:3

Esto me hace pensar que mis intentos por escribir notas de amor son muy poco profesionales. Cabe destacar que no es común encontrar un manzano en un bosque tradicional. ¿Estará insinuando que Salomón se destaca entre todos los hombres? ¿Y recuerdas que se lamentó por haber tenido que trabajar bajo el sol abrasador? Ahora, elogia a su novio porque en él halla un lugar con sombra, lo que sugiere que encuentra seguridad y comodidad.

En este capítulo, también vemos frases que se repetirán más adelante en el libro. En el versículo 7, la novia insiste:

> Yo les ruego, doncellas de Jerusalén,
> por las gacelas y cervatillas del bosque,
> que no desvelen ni molesten a mi amada
> hasta que quiera despertar.
> Cantares 2:7

Presta atención al consejo de no despertar el amor de la amada aún. Esta pareja todavía no se ha unido en matrimonio, pero tiene muchas ganas de hacerlo.

Además, entre sus palabras de admiración por el novio y su creciente emoción por hallar el camino para encontrarse, descubrimos otra frase que se repetirá: "Mi amado es mío y yo soy suya" (Cantares 2:16). Siente seguridad en lo que ha encontrado en su novio. El amor de Salomón le ha dado a la novia confianza en su relación. La expresión de amor y seguridad mutua es tan poderosa que, en la tradición judía, se inscribe la frase hebrea *ani l'dodi v' dodi li* en las alianzas y en los certificados de matrimonio, como máxima representación de su compromiso.

Luego, vemos a la novia en la mitad de la noche, en lo que pareciera ser un sueño.

> Por las noches, sobre mi lecho,
> busco al amor de mi vida;
> lo busco y no lo hallo.
> Me levanto, voy por la ciudad,
> por sus calles y mercados,

buscando al amor de mi vida.
Lo busqué y no lo hallé.
Me encuentran los centinelas
mientras rondan la ciudad.
Les pregunto:
"¿Han visto ustedes al amor de mi vida?".

Cantares 3:1-3

En este sueño, el corazón de la novia se envalentona para buscar por la ciudad al hombre que ama. Parece destrozada por estar separada de él, pero qué gozo experimenta cuando lo encuentra.

No bien los he dejado,
cuando encuentro al amor de mi vida.
Lo abrazo y, sin soltarlo,
lo llevo a la casa de mi madre,
a la alcoba donde ella me concibió.

Cantares 3:4

No solo sueña que encuentra a su amado, sino que también lo lleva con su familia, algo mucho más duradero. Desea entablar esta relación, pero quiere hacerlo con la aprobación de su madre. En la antigüedad en el Medio Oriente, la madre solía encargarse de los preparativos de la ceremonia de la boda y las celebraciones. No se trataba de una aventura pasajera, sino de una imagen que representa que la novia quería que este amor siguiera los límites y las tradiciones de la pureza y la permanencia.

La novia cierra el capítulo 3 con una descripción del glorioso cortejo de una boda.

¿Qué es eso que sube por el desierto
semejante a una columna de humo,
entre aromas de mirra e incienso,
entre perfumes de mercaderes?
¡Miren! ¡Es el carruaje de Salomón!
Viene escoltado por sesenta guerreros,
escogidos entre los más valientes de Israel.
Todos ellos portan espadas
y han sido adiestrados para el combate;
cada uno lleva la espada al cinto
por causa de los peligros de la noche.
Salomón mismo se hizo el carruaje
con finas maderas del Líbano.
Hizo de plata las columnas
y de oro los soportes.
El asiento lo tapizó de color púrpura
y su interior fue decorado con esmero
Cantares 3:6-10a

Habiendo leído este pasaje, lo primero que pensé fue que representaba la llegada del novio. Sin embargo, algunos teólogos reconocidos afirman que podría representar la llegada de la novia en un carruaje y el cortejo que Salomón había preparado para ella. En la pregunta "¿Qué es eso?", la traducción del hebreo de "eso" hace referencia al femenino singular. Esto implica que el novio se había asegurado de que la novia tuviera una entrada majestuosa, sobre un carruaje espectacular, rodeada de nobles guerreros comprometidos con su protección.

Después, la novia insta a las mujeres de Jerusalén a acercarse para ver al novio.

¡Salgan, doncellas de Sion!
¡Contemplen al rey Salomón!
¡Lleva puesta la corona que le ciñó su madre
el día en que contrajo nupcias,
el día en que se alegró su corazón!
Cantares 3:11

Si has leído *Las madres e hijas de la Biblia nos hablan*, ya sabes todo acerca de la madre del rey Salomón, Betsabé, quien luchó para asegurarse de que Salomón asumiera el trono. Por lo tanto, tiene sentido que esté presente para compartir el jubiloso día de su boda.

En el capítulo 5, vemos que la novia sueña de nuevo con el novio y lo desea. ¡Pide a las hijas de Jerusalén que, si lo encuentran, le digan que está "enferma de amor"! (Cantares 5:8). Como respuesta, preguntan qué lo hace tan especial y, entonces, vemos una maravillosa descripción del novio al que tanto desea.

Mi amado es apuesto y trigueño,
y entre diez mil hombres se le distingue.
Su cabeza es oro fino;
su cabellera es ondulada
y negra como un cuervo.
Sus ojos parecen palomas
posadas junto a los canales de agua,
bañadas en leche,
montadas como joyas.
Sus mejillas son como lechos de bálsamo,
como cultivos de hierbas aromáticas.
Sus labios son azucenas
por las que fluye mirra.

Sus brazos son barras de oro
montadas sobre topacios.
Su cuerpo es pulido marfil
incrustado de zafiros.
Sus piernas son pilares de mármol
que descansan sobre bases de oro puro.
Su porte es como el del Líbano,
esbelto como sus cedros.
Su paladar es la dulzura misma;
¡él es todo un encanto!
¡Tal es mi amado, tal es mi amigo,
doncellas de Jerusalén!
Cantares 5:10-16

¡Esa sí es una descripción!

No me imagino a muchas de nosotras describiendo a nuestro marido así, hablando de sus labios como azucenas o sus brazos como barras de oro. Esas chispas iniciales de atracción pueden consolidarse en los primeros años de una relación, pero ¿cuántas parejas con muchos años de casados recitan poemas sobre las partes del cuerpo del otro en la mesa del desayuno? No hacemos esas cosas porque la "vida real" se interpone y porque la conexión con nuestra pareja crece y se convierte en algo mucho más profundo que la mera pasión física.

Sin embargo, los amantes de Cantares nos animan a pensar un poco más en eso. Sentarnos y mirar a nuestro cónyuge, observarlo atentamente y prestar atención a los pequeños detalles que hemos estado ignorando es un acto de amor profundo y de abnegación. Es un acto que dice: valoro a esta persona desde la cabeza hasta los pies. Esto no significa que el deseo físico y el respeto mutuo deban competir entre sí en el matrimonio, sino que deben funcionar como cumplidos y, al alimentar uno de ellos, nutres al otro.

Esto me hace recordar el libro de Gary Chapman, *Los cinco lenguajes del amor*, que es un éxito en ventas. Al igual que muchas parejas jóvenes, recibimos una copia de nuestro pastor en la consejería prematrimonial. En el inicio de nuestra relación, yo había dado por sentado que a todos les motivaba y animaba lo mismo. Cuando Sheldon y yo estábamos de novios, ideé una interesante búsqueda del tesoro con pistas, regalos y tarjetas por distintas partes de Tallahassee para sorprenderlo en su cumpleaños. Era la primera vez que pasábamos uno de sus cumpleaños como novios. Lo di todo: pedí ayuda a nuestros familiares y pasé varios días planeando la sorpresa. Terminamos la noche a la luz de las velas bajo una glorieta con vistas a un pequeño lago, y yo esperaba que él estuviera entusiasmado por los detalles y los regalos. Eso no ocurrió y me desilusioné mucho. ¿Por qué no saltaba de felicidad? Resulta que mi marido se siente motivado por los actos de servicio. Quizás hubiera sido mejor haber lavado su automóvil.

En mi caso, mi lenguaje del amor definitivamente son las palabras de afirmación y creo que hay un argumento sólido para decir que el de Salomón y su novia también era ese. Una y otra vez prodigan elogios y adoración por el otro. También vemos cómo se dan cumplidos frente a otras personas. En mis veintisiete años de matrimonio, he descubierto que hay pocas cosas que me gusten más que ver a mi esposo presumiendo sobre mí y frente a mí. Es reconfortante y romántico saber que le gusta contar que ha tomado una buena decisión. Salomón y su novia no dejaban duda alguna al respecto.

Su historia también es un mensaje para los creyentes acerca de que Dios no quiere que ignoremos esa faceta de nuestra humanidad. La redacción poética, hermosa y directa nos enseña a abordar la sexualidad con asombro y cuidado en lugar de vulgaridad o temor. Al captar nuestras emociones con esta canción de amor, el libro ofrece una visión creativa de una relación ideal que es mucho más poderosa que una simple descripción factual.

El amado

¿Qué sucede con Salomón? ¿Qué opinaba él acerca de esta novia emocionada por convertirse en su esposa? También la veía como la máxima expresión de la perfección física; veía una jovencita sin falla alguna. La primera vez que habla acerca de ella es en el capítulo 1:

> Te comparo, amada mía, con una yegua
> entre los caballos del carro del faraón.
> ¡Qué hermosas lucen tus mejillas entre los pendientes!
> ¡Qué hermoso luce tu cuello entre los collares!
> ¡Haremos para ti pendientes de oro
> con incrustaciones de plata! (...)
> ¡Cuán bella eres, amada mía!
> ¡Cuán bella eres!
> ¡Tus ojos son dos palomas!
> Cantares 1:9-11, 15

Estaba perdidamente enamorado y la cubría con apreciación descriptiva. Salomón la elogia de nuevo en el capítulo 2:

> Paloma mía, que te escondes en las grietas de las rocas,
> en las hendiduras de las montañas,
> muéstrame tu rostro,

déjame oír tu voz;
pues tu voz es placentera
y hermoso tu semblante.

Cantares 2:14

Estas palabras hacen eco de lo que la novia dijo antes y lo que veremos a lo largo de Cantares. Parece que la pareja está separada, que se desean el uno al otro y que se están buscando.

En el próximo versículo, hay una preocupación que podría interrumpir su gozo.

Atrapen a las zorras,
a esas zorras pequeñas
que arruinan nuestros viñedos,
nuestros viñedos en flor.

Cantares 2:15

Los estudiosos y las distintas interpretaciones de las Escrituras discrepan sobre quién está hablando. De cualquier modo, se trata de un buen principio: presta atención a lo que puede arruinar una relación. ¿Cuáles son las zorras pequeñas que pueden arruinar los frutos de nuestro viñedo matrimonial?

El mundo pone tentaciones en nuestro camino todo el tiempo, ya sea algo que parece tan normal como quejarnos de nuestro cónyuge o la invitación para romper nuestros votos matrimoniales con otra persona. Cada día, el resentimiento puede erosionar el respeto y la admiración de uno por el otro. Son muchas las pequeñas zorras que están listas para sembrar discordia, como evitar conversiones difíciles, perderse en las compras en línea o en la pornografía. Es poco probable que alguien flote hacia el altar hacia su amado y se levante al día siguiente con odio por todo lo que el otro representa. Existen pequeñas heridas y faltas de respeto o comportamientos egoístas que van desgastando las promesas que se hicieron en el altar. Cuando racionalizamos una relación laboral que se ha vuelto demasiado amistosa o nos quejamos de nuestro cónyuge frente a los demás, estamos invitando a las zorras pequeñas. Cuando decidimos esconder nuestras compras secretas o desautorizamos a nuestra pareja frente a nuestros hijos, abrimos las puertas al daño verdadero. Siempre es el tiempo correcto para atrapar las zorras pequeñas y echarlas fuera de nuestro viñedo sagrado.

El novio usa casi todo el capítulo 4 para atraer y elogiar a su novia de nuevo. Algunas de las metáforas pueden parecer ridículas cuando las leemos en el español de la actualidad, pero todas las descripciones tienen significados profundos; son el mejor intento de Salomón por decirle a su novia cuán enamorado está.

> ¡Cuán bella eres, amada mía!
> ¡Cuán bella eres!
> Tus dos ojos, tras el velo, son como palomas.
> Tus cabellos son como los rebaños de cabras
> que descienden de los montes de Galaad.
> Tus dientes son como rebaños de ovejas recién trasquiladas,
> que ascienden después de haber sido bañadas.
> Cada una de ellas tiene gemelas,
> ninguna de ellas está sola.
> Tus labios son cual cinta carmesí;
> tu boca es hermosa.
> Cantares 4:1-3a

Sigue así durante varios versículos, incluido este pasaje:

Cautivaste mi corazón, hermana y novia mía,
con una mirada de tus ojos;
con una vuelta de tu collar
cautivaste mi corazón.
¡Cuán delicioso es tu amor,
hermana y novia mía!
¡Más agradable que el vino es tu amor,
y más que toda especia
la fragancia de tu perfume!
Tus labios, novia mía, destilan miel;
leche y miel escondes bajo la lengua.
Cual perfume del Líbano
es el perfume de tus vestidos.
Jardín cerrado eres tú,
hermana y novia mía.
Fuente cerrada y sellado manantial.
Cantares 4:9-12

Si la palabra "hermana" te llama la atención, debes tener en cuenta que en esa época era parte de la costumbre usar las palabras "hermana" y "hermano" como expresiones de cariño entre un esposo y su esposa. Algunos afirman que sería como emplear el término "mi amor", como hacemos hoy en día. Creo que también podemos pensar que era una declaración porque compartían la misma fe en el Dios de Israel, su Padre celestial.

En el capítulo 6, Salomón le dice a su novia que es tan hermosa que ni siquiera puede mantener el contacto visual con ella.

Aparta de mí la mirada,
que tus ojos me tienen fascinado.
Cantares 6:5a

También la llama "única" y afirma que "la vieron las doncellas, y la llamaron bienaventurada" (Cantares 6:9 RVR60). Una
de las cosas más instructivas y hermosas de esta relación es
que las personas podían ver desde afuera cuán especial era la
pareja. ¿Alguna vez saliste con un chico al que todas tus amigas odiaban e invertiste mucho tiempo y emoción para con-
vencerlas de que no lo conocían en verdad? Eso no sucede en
esta relación. Antes, vimos cómo la novia alardeaba sobre él y
hablaba acerca de cómo todas las doncellas se alegrarían por
estar a su lado. Ahora, en el capítulo 6, Salomón hace lo mismo. Observa que los demás ven su gran valor y belleza.

Y aquí el romance comienza a levantar temperatura. El capítulo 7 consiste en la expresión de estos dos tortolitos por estar
juntos. Él nombra cada parte del cuerpo de la novia y las admi-
ra y desea. Ella no se queda atrás, dado que expresa su deseo
por unirse a él. Si necesitas abanicarte mientras lees este intercambio amoroso, recuerda que todo esto es creación de Dios.
Sin embargo, a diferencia de todo otro ser viviente, Dios separó
a los seres humanos para que experimentaran placer verdadero
en sus relaciones físicas, siempre dentro de los límites que Él ha
creado. Una vez más: esto no es porque quiera que nuestra vida
sea aburrida, sino todo lo contrario. Su regalo para nosotros es
la belleza y la intimidad de una conexión real con alguien a quien
le hemos prometido nuestra vida y alguien que ha hecho lo mismo para con nosotros. Es en medio de esa seguridad y ese compromiso que podemos disfrutar por completo todo lo que Dios
destinó para nosotros. Y, si en algún momento nos equivocamos, Dios es un Padre que perdona y está dispuesto a ayudarnos
a trabajar hacia el modelo que tiene para nuestras relaciones.

En el último capítulo de esta clásica y maravillosa canción
de amor, vemos que la novia exalta las virtudes del amor en
sí mismo.

Grábame como un sello sobre tu corazón;
llévame como una marca sobre tu brazo.
Fuerte es el amor, como la muerte;
el celo, inconmovible como el sepulcro.
Como llama divina
es el fuego ardiente del amor.
Ni las muchas aguas pueden apagarlo,
ni los ríos pueden extinguirlo.
Si alguien ofreciera todas las riquezas que posee
a cambio del amor,
solo conseguiría el desprecio.
Cantares 8:6-7

Hay mucha verdad y pasión comprimidas en tan solo dos versículos.

Ella pide al novio que la grabe como un sello sobre el corazón y en el brazo. Esto hace referencia a la permanencia de esta relación. Luego, declara que el amor es fuerte como la muerte. ¿Quién puede escapar de la muerte? Nadie. El amor puede ser así de abrumador y apremiante. Y la imagen de una llama nos recuerda que puede ser tanto hermosa como destructiva, según cómo lo manejemos. Uno no puede ahogar al amor ni apartarse de él. No tiene sentido intentar tapar el amor con cosas materiales. ¡Su valor va más allá de lo que el mundo puede medir!

Estos novios nos recuerdan cuán poderosos y preciosos pueden ser el amor y la esperanza de una relación para toda la vida. Debemos apreciar el regalo del romance y el matrimonio, nutrirlo y alimentarlo. A medida que nuestra relación madure, debemos evitar ponerla en piloto automático. Quizás no tengamos los dones del escritor de Cantares, pero escribir una breve nota y esconderla en el almuerzo o la pantalla de tu cónyuge no lleva mucho tiempo. ¿Qué me dices de luchar por la unidad en vez de luchar por tener siempre la razón? El amor exige sacrificio. Debemos tratarlo como si fuera un tesoro delicado, con cuidado y atención. Nos exhorta a poner a otra persona en primer lugar, a procurar lo mejor para el otro y expandirnos más allá de nuestro egoísmo. Como suele decir mi esposo: "Cuando están ocupados intentando poner a la otra persona primero, ambos terminan felices".

Oración: Padre, gracias por los regalos divinos del amor, el romance y el matrimonio. Ayúdanos a recordar que tú has creado estos tesoros específicamente para nosotros. Guíanos para que los tratemos con respeto y hallemos gran gozo en ellos. Si nos hemos alejado de tu plan perfecto, repara nuestro corazón y ayúdanos a caminar hacia delante en el perdón. Muéstranos cómo amar a nuestro cónyuge sin condiciones.

Sansón y Dalila

(JUECES 13-16)

Misericordia y restauración

Admitámoslo: en la Biblia, como en los tiempos modernos, los romances pueden ser complicados y, a la larga, destructivos. No podemos mirar las historias de amor de las Escrituras sin meternos en esta aventura increíblemente disfuncional. Si durante tu niñez oíste la historia de Sansón y Dalila, relatada en Jueces 13-16, quizás visualices a Sansón como un modelo con sensuales músculos y una melena gloriosa y larga. Resulta que no era exactamente así, pero cuando yo estaba en la escuela dominical también pensaba que Sansón podría estar en la portada de los libros de historias románticas subidas de tono que estaban en la biblioteca. La historia de Sansón y Dalila ha inspirado obras de arte, óperas y películas. Quizás sea una de las historias más conocidas del Antiguo Testamento, pero esta pareja es un caso de estudio sobre cómo entender casi todo mal acerca del romance. Aun así, como cada historia bíblica de aflicción, está repleta de lecciones para nosotros que siguen vigentes hoy en día. Y, aunque más adelante nos centraremos en la relación tremendamente imperfecta de Sansón y Dalila, hay mucho para aprender acerca de Sansón primero.

Sansón

Nada es accidental en las Escrituras; entonces, parece muy importante que la complicada saga de esta pareja problemática transcurra justo después de la historia de uno de los matrimonios más sanos y estables que vemos en la Biblia: los padres de Sansón. Él creció en un hogar en el que su madre y su padre estaban comprometidos con Dios y entre sí. Todo comenzó con una visita celestial a la madre de Sansón, a quien se la identifica únicamente como la esposa de Manoa.

> El ángel del Señor se apareció a ella y le dijo: "Eres estéril y no tienes hijos, pero vas a concebir y tendrás un hijo".
> Jueces 13:3

Muchos teólogos consideran que este ángel era Cristo mismo que visitó la Tierra antes de descender en forma humana. Es interesante que la historia de uno de los personajes más fuertes y más privilegiados de la Biblia comience con una mujer sin hijos que, seguramente, deba haber sufrido vergüenza en su cultura debido a la infertilidad. No tener hijos era una de las peores maldiciones que una mujer podía experimentar en los tiempos de la antigua Israel. Sin hijos, el nombre de su esposo quedaría en el olvido y ella no podría transmitir la bendición de Dios a la próxima generación. Al igual que Sara, Ana y Elisabet, la esposa de Manoa luchaba con la infertilidad y, como ellas, puede haber sentido que Dios la había abandonado.

En cada una de estas historias, vemos hermosos recordatorios de que Dios conoce el dolor de la infertilidad. A menudo, las demoras y las pruebas de esa lucha forman parte de un gran plan que Él está entretejiendo y que se completará en su tiempo. A veces las respuestas de Dios no son aquellas por las que oramos y por las cuales nos angustiamos, pero Él es plenamente consciente de todo lo que desea nuestro corazón. Salmos 34:18 nos lo recuerda:

El Señor está cerca de los quebrantados de corazón,
y salva a los de espíritu abatido.

Si estás esperando un hijo que temes que nunca llegará, no estás sola.

No sabemos si la madre de Sansón pidió a Dios por su falta de hijos, pero acabó en una lista muy exclusiva. Hay solo dos mujeres en la Biblia que recibieron una visita personal de un ángel para anunciarles que quedarían embarazadas y en condiciones poco probables: la esposa de Manoa y María. ¡Esa compañía sí que es un privilegio! Y, así como el ángel Gabriel compartió detalles con María, el ángel del Señor dio a la madre de Sansón instrucciones muy específicas:

Cuídate de no beber vino ni ninguna otra bebida fermentada, y tampoco comas nada impuro, pues concebirás y darás a luz un hijo. No pasará la navaja sobre su cabeza porque el niño va a ser nazareo, consagrado a Dios desde antes de nacer. Él comenzará a librar a Israel del poder de los filisteos. Jueces 13:4-5

Parece demasiado para asimilar: una visita del ángel del Señor, la noticia de que su vientre infértil pronto albergaría a un hijo, ese hijo deberá seguir votos sagrados y ayudará a Israel a escapar de sus brutales opresores. Cabe destacar que Sansón es el único nazareo "de toda la vida" que vemos en las Escrituras. Por lo general, el voto se tomaba por un período breve. El voto nazareo no implicaba únicamente no cortarse el cabello, sino que no debían beber vino ni bebidas fuertes, ni siquiera jugo de uvas, ni comer uvas. Además, los nazareos no podían tocar cadáveres (Números 6:1-21). La madre de Sansón no cuestionó lo que le dijo el ángel y se dirigió a su esposo para contarle las novedades.

> La mujer fue adonde estaba su esposo y dijo: "Un hombre de Dios vino adonde yo estaba. Por su aspecto imponente, parecía un ángel de Dios. Ni yo le pregunté de dónde venía ni él me dijo cómo se llamaba".
>
> Jueces 13:6

Me encanta ver que Manoa no dudó de sus palabras ni de Dios. En cambio, solo quería tener más información para asegurarse de ejercer bien el rol de padres en esta tarea gloriosa. Esto es excepcional, ya que en otras ocasiones en las que se profetizaron embarazos, la primera respuesta de uno de los padres o de ambos fue la incredulidad.

Cuando se profetiza que ocurrirá un milagro y una mujer infértil dará a luz a un bebé, es comprensible que los padres tengan ese tipo de reacciones. Pero a menudo las parejas de la Biblia que estuvieron en esa situación tenían una respuesta dividida. Sara se rio del mensaje del Señor, mientras que Abraham creyó. Elisabet se regocijó ante la noticia que trajo Gabriel, aunque la duda de su esposo Zacarías hizo que quedara mudo hasta el nacimiento del bebé, Juan.

Pero los padres de Sansón estuvieron unidos desde el momento en que supieron que su hijo, que no sería un hombre común, estaba en camino. Manoa oraba a Dios: "Oh Señor, te ruego que permitas el regreso del hombre de Dios que *nos* enviaste, para que *nos* enseñe cómo criar al niño que va a nacer" (Jueces 13:8). En las palabras de Manoa, vemos que se refería a sí mismo y a su esposa como un equipo de crianza.

Dios oyó la oración de Manoa y envió al ángel de nuevo, pero una vez más a su esposa. Esta vez, antes de que el ángel pudiera hablar, ella corrió a buscar a su esposo para que él también pudiera formar parte de la conversación:

> La mujer corrió de inmediato a avisarle a su esposo: "¡Está aquí! ¡El hombre que se me apareció el otro día!".
> Jueces 13:10

En una actitud de humildad y lealtad hacia su esposo, la madre de Sansón incluyó a Manoa en la revelación sin pensarlo dos veces. Manoa quería escuchar exactamente cómo debían criar a su hijo. El ángel repitió las instrucciones que había dado en la primera visita y Manoa, una vez más hizo referencia a su colaboración en el matrimonio, afirmando: "*Nos* gustaría que te quedaras hasta que te *preparemos* un cabrito" (Jueces 13:15). Vemos que Manoa también usa el plural cuando el ángel se prepara para irse: "¿Cómo te llamas?, para que *podamos* honrarte cuando se cumpla tu palabra" (Jueces 13:17).

El ángel respondió a Manoa que su nombre era "un misterio maravilloso" (Jueces 13:18) y, luego, emprendió una de las salidas más épicas de la historia. Ascendió en la llama de su ofrenda quemada, su holocausto (Jueces 13:20). Creo que yo estaría tan maravillada como Manoa:

> —¡Estamos condenados a morir! —dijo a su esposa—. ¡Hemos visto a Dios!
> Pero su esposa respondió:
> —Si el Señor hubiera querido matarnos, no nos habría aceptado el holocausto ni la ofrenda de cereales de nuestras manos; tampoco nos habría mostrado todas esas cosas ni anunciado todo esto.
> Jueces 13:22-23

Observa que ella no respondió a sus preocupaciones con burla ni condescendencia, sino con calma, consuelo y sentido común. Esta pareja tenía un matrimonio sano.

Debo admitir que, en mi hogar, los papeles estarían invertidos. Como esposa, yo necesito conocer el peor escenario posible y planificar en consecuencia. Suelo extrapolar comentarios inocuos y aislados como prueba de que hay problemas en camino. *¿Qué quiso decir cuando compartió que el Señor la llevó a orar por mí?* Por fortuna, Dios me dio la bendición de un esposo que me asegura que debo calmarme porque nada de eso ocurrirá. En verdad sé que, si alguna vez un ángel se presenta en nuestro hogar, sabrá que debe comenzar por Sheldon.

Lo que muestran los versículos de Jueces 13 es que Sansón nacería en un hogar en el que había confianza y respeto entre sus padres. Manoa y su esposa estaban comprometidos con Dios y el uno con el otro. ¡Qué contraste veremos con las relaciones que Sansón buscaría en su adultez! ¿Habrá buscado su corazón aquello que veía en su hogar, mientras que sus ojos se distraían por lo que parecía gratificante en el momento?

A medida que Sansón crecía, sus padres lo criaban de acuerdo con las condiciones del voto nazareo. Pero vemos que, con el tiempo, aunque Sansón mantuvo el aspecto exterior de santidad, su corazón no obedeció realmente el mandamiento de Dios. Esto debería animarnos a cada uno de nosotros: incluso así, Dios pudo usar a este hombre pecador para sus propósitos. De hecho, fue juez de los israelitas durante veinte años y castigó a sus opresores, los filisteos, con brutalidad. Pero ¿cuánto más podría haber logrado Dios con un hombre completamente obediente, humilde y honesto?

A lo largo del camino, hubo pistas de que Sansón podía descarriarse, así que no debería sorprendernos lo que sucedió al final. Comencemos por su primer matrimonio —y quiero que sepas que no eres la única que no lo recordaba—. Así comienza Jueces 14:

Sansón descendió a Timná y vio allí a una joven filistea. Cuando él volvió, dijo a sus padres:

—He visto en Timná a una joven filistea; pídanla para que sea mi esposa.

Jueces 14:1-2

Bueno, eso es bastante directo. ¿Y sabes qué? Estaba prohibido por la Ley (Éxodo 34:16, Deuteronomio 7:3) y los padres de Sansón no estaban de acuerdo.

Pero su padre y su madre le dijeron:

—¿Acaso no hay ninguna mujer aceptable entre tus parientes o en todo nuestro pueblo, que tienes que ir a buscar una esposa entre esos filisteos incircuncisos?

Sansón respondió a su padre:

—¡Pídeme a esa, que es la que a mí me gusta!

Jueces 14:3

La lujuria y el egoísmo cegaron a Sansón. ¿Cómo podría saber que esta mujer era el amor de su vida cuando ni siquiera habían conversado?

Debe haber sido difícil para los padres de Sansón comprender que un joven de Israel, en especial uno consagrado al servicio de Dios, como su hijo, quería casarse con alguien que no pertenecía a la comunidad y seguramente no adoraba al Dios de Israel. Una vez más, vemos que los padres de Sansón estaban unidos en contra de este plan. En un contexto antiguo, uno esperaría que solo se nombre al padre, pero la Biblia nos dice que él hablo al respecto con "sus padres" y que "su padre y su madre" le respondieron lo que opinaban acerca de su plan. Era una prueba simple, aunque a la vez poderosa, de la unión conyugal. Esta "unión" era lo contrario a lo que Sansón hallaría en su esposa filistea, y la rebeldía en contra del sabio consejo de sus padres era un espejo de la resistencia constante de Israel a los mandamientos de Dios.

Cuando la familia descendió para conocer a esta mujer filistea, ocurrió algo extraño.

> De repente, al llegar a los viñedos de Timná, un rugiente cachorro de león le salió al encuentro. Pero el Espíritu del Señor vino con poder sobre Sansón, quien a mano limpia despedazó al león como quien despedaza a un cabrito. Pero no contó ni a su padre ni a su madre lo que había hecho.
> Jueces 14:5b-6

Y eso no fue todo; cuando Sansón transitó el mismo camino para casarse con su primera esposa, vio que el cadáver del león contenía abejas y miel.

> Tomó con las manos un poco de miel y comió, mientras proseguía su camino. Cuando se reunió con su padre y su madre, les ofreció miel y también ellos comieron, pero no les dijo que la había sacado del cadáver del león.
> Jueces 14:9

Este nazareo tomó la miel del cadáver de un león y la comió en el viaje sin haberlo pensado dos veces. Es importante destacar que los leones no eran animales *kosher* (Levítico 11:27) y todo alimento que tocaba algo impuro también se consideraba impuro (Levítico 5:2-3). Sansón incumplió la ley de Levítico dos veces: tocó un animal impuro y comió alimentos que habían tocado algo impuro.

Además, involucró a otras personas en su pecado cuando dio miel a sus padres, que no sabían nada de esto. También es probable que haya incumplido los fundamentos de su voto personal. ¿Recuerdas los tres requisitos del voto nazareo? No tener contacto con cadáveres, no beber vino ni bebidas fuertes (el voto es aún más estricto, ya que ni siquiera permite tocar uvas) y no cortarse el cabello. Pudo haber roto la primera regla de su voto, aunque algunos estudiosos discuten si los animales muertos también formaban parte de este. Vale la pena mencionar que todo esto ocurrió en un viñedo junto al camino, así que, si no estaba tocando uvas ni bebiendo vino, al menos ya estaba caminando sobre una capa muy delgada de hielo.

Este trasfondo nos abre los ojos para ver que, probablemente, los hechos que rodeaban al león no eran aleatorios. Si bien Sansón estaba por casarse con una mujer ajena al pueblo de Dios, también estaba tomando otros riesgos. No amaba a esta mujer porque vio en ella un corazón dedicado a Dios (como el judío Booz vio en la moabita Rut), sino porque le había gustado su apariencia física. Al igual que el pueblo de Israel rechazaba el consejo de su Padre celestial, Sansón ignoraba la sabiduría de sus padres para ir tras sus propios deseos.

¡Qué ridículo es pensar que sabemos más que nuestro Padre celestial! ¿Cuán seguido vamos detrás de algo cuestionable porque "sabemos" que es lo correcto para nosotros, incluso si va en contra de lo que Dios nos ordenó claramente que hiciéramos? Nada me hace sentir más vergüenza que recordar aquellos momentos de la vida en los que me alejé del camino y fui por sendas rocosas que creía dominar. No sé si te ha pasado, pero en el transcurso de los años he hecho algunas racionalizaciones increíbles. ¿Qué puede ser más tonto que pensar que una decisión que va en contra del Dios del universo terminará bien? Confía en mí: no terminará bien, así como no lo hizo en la historia de Sansón.

El breve matrimonio de Sansón con la mujer filistea finalizó con una terrible tragedia. En su banquete de casamiento (la palabra en hebreo significa literalmente "banquete para beber", es decir, un lugar en el cual debe ser difícil estar si has hecho un voto nazareo), Sansón propuso una adivinanza a los invitados filisteos que implicaba una considerable apuesta.

—Permítanme proponerles una adivinanza —les dijo Sansón—. Si me dan la solución dentro de los siete días que dura el banquete, yo les daré treinta vestidos de lino y treinta mudas de ropa. Pero si no me la dan, serán ustedes quienes me darán los treinta vestidos de lino y treinta mudas de ropa de fiesta.

—Dinos tu adivinanza —respondieron—, que te estamos escuchando.
Jueces 14:12-13

Los filisteos aceptaron los términos y pidieron que les dijera la adivinanza.

"Del que come salió comida;
y del fuerte salió dulzura".
Jueces 14:14b

La adivinanza estaba relacionada con el león y la miel. No solo había incumplido la ley de Dios, sino que ahora bromeaba al respecto. ¿Será que la consciencia culpable y el orgullo autodestructivo de Sansón no permitían que olvidara lo que había hecho?

Le hubiera convenido mantenerse en silencio. Pero si aprendimos algo acerca de Sansón es que no sabe cuándo cerrar la boca, en especial si hay una mujer hermosa involucrada. Durante tres días, los hombres no encontraban respuesta alguna y, el cuarto día, se acercaron a la esposa de Sansón para expresar su frustración. Le exigieron que descubriera la respuesta y la amenazaron: "de lo contrario, te quemaremos a ti y a la familia de tu padre" (Jueces 14:15). Es una posición horrible para cualquier mujer, pero, en vez de contarle la verdad a su flamante marido, decidió traicionarlo. ¿Ya lo consideraba poco confiable? ¿O tenía un compromiso mayor con su pueblo que con Sansón, parte de la advertencia de Dios acerca de los peligros del matrimonio mixto?

Cuando presionó a Sansón para que le dijera la solución de la adivinanza, Sansón le recordó a su nueva esposa que ni siquiera le había contado a sus padres; entonces, ella decidió llorar... durante siete días seguidos. Él cedió y se la contó, ella se la dijo a los filisteos y ellos fueron a Sansón con la respuesta. Luego, las cosas se les fueron de las manos:

> Entonces el Espíritu del Señor vino sobre Sansón con poder y este descendió a Ascalón y derrotó a treinta de sus hombres, les quitó sus pertenencias y les dio sus ropas a los que habían resuelto la adivinanza. Luego, enfurecido, regresó a la casa de su padre. Entonces la esposa de Sansón fue entregada a uno de los que lo habían acompañado en su boda. Jueces 14:19-20

Pero esta historia no está ni cerca de haber terminado. Sansón regresó a la casa de su suegro con un cabrito como regalo y pidió ver a su esposa. Sí, aquella que lo había traicionado. No solo el suegro le dijo que no podía verla, sino que reveló que había sido entregada a uno de sus compañeros. Como es de esperar, en este punto de la historia, Sansón perdió el control.

> Así que fue y cazó trescientas zorras, las ató cola con cola en parejas y a cada pareja le amarró una antorcha. Luego prendió fuego a las antorchas y soltó a las zorras por los sembrados de los filisteos. Así incendió el trigo que ya estaba en gavillas y el que todavía estaba en pie, junto con los viñedos y olivares.
> Jueces 15:4-5

Cuando los filisteos descubrieron que Sansón había hecho esto, tomaron la brutal decisión de quemar a su esposa y su suegro (Jueces 15:6). ¡Cuán devastado debe haber estado en ese momento! Además del dolor de un matrimonio acabado, Sansón debía enfrentar los horribles asesinatos de dos personas que se habían convertido en parte de su familia. ¿Habrá sentido también la culpa por estos bárbaros asesinatos? No sabemos qué sentía, pero sabemos que lo canalizó en ira.

Sansón deseaba venganza. La Biblia nos dice que atacó "furiosamente" a muchos filisteos y, luego, se fue a vivir a una cueva (Jueces 15:8). Parece difícil pensar en un comienzo más desfavorable para una "historia de amor" que lo que vivió Sansón, y muchas personas ni siquiera conocen esta parte de la historia. Mientras se escondía en esa cueva, los filisteos subieron a Judá para buscarlo.

> Entonces tres mil hombres de Judá descendieron a la cueva en la peña de Etam y dijeron a Sansón:
> —¿No te das cuenta de que los filisteos nos gobiernan? ¿Por qué nos haces esto?

—Simplemente les he hecho lo que ellos me hicieron a mí —contestó él.

Ellos dijeron:

—Hemos venido a atarte, para entregarte en manos de los filisteos.

—Júrenme que no me matarán ustedes mismos —dijo Sansón.

Jueces 15:11-12

El pueblo de Judá tenía tanto miedo de sus crueles opresores que fue de inmediato a buscar al hombre que había demostrado resistencia frente a su dominio para entregarlo. Sansón aceptó que su propio pueblo lo atara y lo entregara a los enemigos. Cuando los filisteos se acercaban para llevárselo, el Espíritu del Señor vino sobre él de nuevo. Vemos que encontró una quijada de burro y "con ella mató a mil hombres" (Jueces 15:15). Después de esto, Sansón lideró, o juzgó, la nación de Israel durante veinte años.

Parece suficiente drama para toda una vida, pero ni siquiera hemos llegado a la parte más conocida de la vida de Sansón: su relación con Dalila. ¿Y qué tiene que ver este trasfondo con esa historia? Bueno, muchísimo. Tenía una carga enorme cuando conoció a Dalila. Nosotros, al igual que Sansón, llevamos nuestras experiencias de vida a cada relación nueva. Esto es así siempre, incluso cuando queremos un comienzo nuevo, desde cero. El dolor por la pérdida de su primera esposa, así como la violencia y la traición de esa relación, moldearon a Sansón. Él sabía que era impulsivo y enojón y que era propenso a la inmadurez y a una teatralidad autodestructiva. También aprendimos que su debilidad era la tentación de sus ojos, es decir, de la carne. Lo más importante para Sansón era aquello que él consideraba correcto desde su perspectiva.

Incluso así, Dios lo pudo usar. La alegría de la niñez de Sansón y el dolor de su juventud habían quedado muy atrás cuando conoció a Dalila. Era un guerrero y un líder con experiencia, pero su debilidad por las mujeres seguía siendo muy evidente. Al comienzo de Jueces 16, antes de que Dalila entrara en el cuadro, Sansón durmió con una prostituta. Sabiendo esto, sus enemigos pensaron que lo tenían rodeado, jurando que lo matarían al amanecer (Jueces 16:2). En cambio, él se escapó, arrancó las puertas de entrada de la ciudad y los postes, y se los llevó.

Algunos dirán que el problema de Sansón era simplemente "lujuria" y, aunque no estarían equivocados, esa palabra no logra capturar lo que Sansón buscaba en verdad. Cuando alguien pasa de una relación equivocada a otra, hay que pensar en el enorme vacío que está intentando llenar. ¿Habrá estado buscando lo que tenían sus padres? ¿Habrá buscado con la esperanza de encontrar a una mujer como su madre para que lo "complete"?

La Biblia nos dice que Sansón "se enamoró" de Dalila (Jueces 16:4). Esta es la primera vez que se usa la palabra "enamorarse" para describir una relación de Sansón. Pero lo importante es lo que ella sentía, ya que no le llevó mucho tiempo apuñalarlo por la espalda cuando le ofrecieron algo interesante.

> Los gobernantes de los filisteos fueron a verla y le dijeron: "Sedúcelo, para que te revele el secreto de su tremenda fuerza y cómo podemos vencerlo, de modo que lo atemos y lo tengamos sometido. Cada uno de nosotros te dará mil cien siclos de plata".
>
> Jueces 16:5

Sansón había causado tantos estragos en los filisteos que sus líderes estaban dispuestos a pagar muchísima plata para atraparlo.

Aquí me empiezo a cuestionar si realmente tenía esos sensuales músculos que todos pensamos. Lograba hazañas sobrehumanas de fuerza y destrucción con sus propias manos, pero nadie parecía entender cómo lo lograba. ¿Será que se veía como un hombre común... de vez en cuando convertido en Hulk? De cualquier modo, sus enemigos querían respuestas y planearon usar a esta mujer manipuladora para obtenerlas.

Dalila fue muy directa, lo que hizo que la caída de Sansón fuera aún más sorprendente. No merodeaba intentando descubrir mágicamente su secreto. De ninguna manera. Fue directo a él y le preguntó cuál era la fuente de su fuerza y cómo se lo podía dominar. No fue para nada sutil. Él le mintió tres veces y cada vez Dalila reveló lo que tramaba. Dalila intentó cada uno de los métodos que Sansón dijo que lo debilitarían, pero él se liberaba sin dificultad alguna. Luego, tuvo las agallas para sermonearlo y decirle que él no la amaba de verdad y la hacía quedar como una tonta. La pregunta obvia parece ser: ¿ante quién? *Dalila, ¿quién toma nota de tus intentos por destruirme y se burla cuando no funcionan?*

¿Por qué Sansón no terminó su relación con Dalila luego de la primera traición? ¿O después de la segunda? ¿O la tercera? Nos hacemos este tipo de preguntas cuando alguien querido está en una relación enferma o abusiva. *¿Cómo puedes seguir confiando en esta persona? ¿No ves el problema?* Puede que sientas frustración cuando parece que son incapaces de alejarse.

Quizás leas la historia de Sansón y exclames: *¡Levántate! ¡Sal de allí! ¡Abandona a Dalila y no mires atrás!* Sus acciones demostraron que no amaba a Sansón y que sus intenciones no eran buenas. A veces es difícil identificar que la típica dinámica de los géneros está invertida, pero no queda duda de que Sansón estaba en una relación manipuladora y abusiva.

¿Qué sucedió con la relación de Sansón con Dios? Un paso a la vez ha ido abandonando el estricto voto nazareo que sus padres habían hecho por él, de acuerdo con lo que Dios había ordenado. Aunque podríamos decir que ya había incumplido dos partes del voto nazareo, dudaba en romper la última regla. ¿Evitaba cortarse el cabello pensando que podía aferrarse al favor de Dios por haber cumplido esa parte del voto, aunque abusara de su misericordia en otros aspectos? Lo cierto es que, cuanto más pecamos, más fácil es que "aquello que jamás haríamos" se haga posible.

Las Escrituras nos dicen que Dalila presionaba a Sansón sin piedad, noche y día. Al final, Sansón le contó la verdad sobre su cabello sin cortar. ¿Pensó que Dios lo protegería de todas formas? ¿No tenía manera de resistirse a la manipulación de esta fastidiosa mujer? Independientemente de lo que pensaba que sucedería cuando reveló su secreto, las consecuencias fueron rápidas y desastrosas. Cuando Sansón despertó, le habían cortado el cabello y el Señor lo había abandonado. No existe nada más devastador que eso.

Podemos ver cuán débiles e indefensos somos sin el favor y la misericordia de Dios. Así también era la historia de Israel, una y otra vez, a lo largo de la época de los Jueces. Es la historia de cada uno de nosotros cuando aferramos nuestro corazón a cualquier otra cosa distinta de Dios. Era la historia de Sansón.

Los filisteos capturaron a Sansón fácilmente por primera vez, le arrancaron los ojos y lo llevaron como prisionero. Parecía un final trágico y atroz para una vida prometedora, pero la historia de Sansón aún no había terminado.

Dalila

El trasfondo de Sansón es tan solo una parte de esta historia. ¿Qué hay de la misteriosa mujer que provocó su total perdición (con gran ayuda de él, si me permites decirlo)? Si no lo amaba, ¿por qué tenía una relación con Sansón en primer lugar? ¿Y quién era ella?

Todo lo que sabemos es que era "una mujer del valle de Sorec, que se llamaba Dalila" (Jueces 16:4). El valle era, y aún es, una de las cuencas de drenaje principales de las colinas de Judea y formaba parte de la frontera entre la tierra de los israelitas de la tribu de Dan y el territorio de los filisteos. Dalila provenía de esta frontera, pero la Biblia no nos dice si era judía o filistea. Sabemos que Sansón parecía tener una preferencia por las mujeres filisteas. Por otro lado, Dalila es un nombre hebreo. Entonces, no conocemos su identidad étnica ni religiosa, y tampoco sabemos si Sansón se casó con ella.

Lo único que conocemos acerca de su relación es negativo. Fue abordada por los líderes filisteos, interesados en resolver el misterio de la fuerza sobrenatural de Sansón, y ella se convirtió en su cómplice. Esta fuerza era un problema para la opresión del pueblo de Israel por parte de los filisteos. Las primeras vulnerabilidades de Sansón fueron las aventuras de un joven impulsivo que se dejaba llevar por la lujuria, la violencia, el orgullo, la ira y el dolor. ¿Seguía allí ese Sansón? Cuando Dalila conoció a Sansón, este había sido juez sobre Israel durante dos décadas. No sabemos qué la atrajo a Sansón. Todo lo que podemos analizar es la disposición de Dalila a traicionar a un hombre que había confesado su amor por ella.

Recuerda que los líderes filisteos le ofrecieron mil cien siclos de plata y aclararon que serían de "cada uno de nosotros" (Jueces 16:5). No sabemos cuántos líderes hicieron este ofrecimiento a Dalila, pero la frase "cada uno de nosotros" nos hace pensar que eran más de dos. Mil cien siclos serían unas veintisiete libras y media de plata. Aunque solo hubiera tres líderes, la oferta implicaría más de ochenta y dos libras de plata, una cantidad de dinero imposible de imaginar para cualquiera en el mundo antiguo, especialmente para una mujer. Era como ganarse la lotería; una suma de dinero que lo cambiaría todo porque garantizaría una vida de lujos disponibles solo para reyes y reinas. Con esa cantidad de dinero, todo era posible. Las Escrituras nos dicen claramente su motivación: lo hizo por el dinero.

Después del primer intento de entregar a Sansón a sus enemigos, Dalila se volvió impaciente. Llamó mentiroso a Sansón y se quejó porque se burlaban de ella. Sansón le mintió dos veces más y escapó de sus planes de traición.

> Entonces ella dijo: "¿Cómo puedes decir que me amas si no confías en mí? Ya van tres veces que te burlas de mí y aún no me has dicho el secreto de tu tremenda fuerza".
> Jueces 16:15

La manipulación emocional era despiadada. Dalila no solo acusó a Sansón por su falta de confianza, sino también por su falta de amor. Debe de haber entendido qué lo impulsaba, qué debilidad lo mantenía cautivo en esta relación defectuosa. Y aprovechó eso como ventaja. Sansón finalmente cedió.

> ... al fin se lo dijo todo. "Nunca ha pasado navaja sobre mi cabeza —le explicó—, porque soy nazareo, consagrado a Dios desde antes de nacer. Si se me afeitara la cabeza, perdería mi fuerza y llegaría a ser tan débil como cualquier otro hombre".
> Jueces 16:17

Y, entonces, los filisteos capturaron al hombre que buscaban.

De todas las historias de amor que analizamos en este libro, la de Sansón y Dalila debe ser la peor y la más disfuncional. Todas las relaciones atraviesan momentos de pruebas, momentos de tristeza y, a veces, momentos de traición. Pareciera que Sansón y Dalila no tuvieron otra cosa que tristeza y traición o, si hubo algo de felicidad, no vemos nada de ella en lo que precedió su trágico final. Puede ser fácil pensar: *Esta historia no tiene nada que ver conmigo ni con mi matrimonio.* Pero estoy segura de que las historias están incluidas en la santa Palabra de Dios con un propósito específico para que hallemos lecciones, ya sea que el final sea feliz o desastroso.

La relación de Sansón y Dalila se corrompió y destruyó debido al amor por el dinero, a la codicia de Dalila. No sabemos si en algún momento esta relación estuvo en un buen territorio. Cuando llegamos, ya está sumergida en la avaricia y la traición. Todo el abuso y la manipulación surgieron de la influencia corruptiva del soborno que aceptó Dalila y el engaño que ese dinero sucio le exigía.

En el Nuevo Testamento, Pablo nos dice que "el amor al dinero es la raíz de toda clase de males" (1 Timoteo 6:10). Lo que subyace a todos los intentos por acumular más y más dinero es el deseo de control. El amor al dinero puede ser un tipo de glotonería, un apetito insaciable enraizado en nuestra necesidad de controlar el mundo y todo lo que nos rodea de acuerdo con nuestros deseos. El amor al dinero puede originarse en una falta de confianza en Dios y en la provisión de Dios y, en el caso del matrimonio, en una falta de confianza en nuestro cónyuge.

Dalila fue tentada con una impresionante suma de dinero, con el objetivo de ayudar a los enemigos de Sansón a averiguar cómo derrotarlo. Al final, la fuente de su energía no era una fórmula mágica. Era el Espíritu de Dios que moraba en él como consecuencia del voto de consagración que sus padres habían hecho ante Dios en su representación antes de que naciera. Sansón no tomó en serio este compromiso ante Dios y, a la larga, lo desperdició. Al revelar el secreto de su cabello sin cortar a Dalila, demostró una actitud despreocupada hacia los asuntos santos de Dios. Por supuesto, parte de la culpa de lo que le sucedió a Sansón le corresponde a Dalila. Su relación fue una cadena de un pecado detrás del otro, y el espíritu rebelde de Sansón hizo que traicionara y despreciara su voto ante Dios.

¿Cómo terminó? Encerrado y ciego. ¿No es eso lo que el pecado genera en todos nosotros? Nos promete alegría, plenitud y aventura, y quizás nos dé eso por un tiempo. Sin embargo, al final, nos esclaviza. Al igual que Sansón terminó como un prisionero derrotado de los filisteos, el pecado nos quebrará y capturará. Dios no quiere que nuestro corazón esté cautivado por otras cosas, sino solo por Él, y siempre está dispuesto a redimirnos de la prisión de nuestros pecados. Solo debemos pedirle ayuda, como hizo Sansón al final.

Dios no se olvidó de Sansón cuando el que había sido un gran guerrero clamó a Él en medio de la desesperación y la humillación absolutas. Al final de Jueces 16, vemos que los filisteos dan el crédito a su falso dios, Dagón, por haberles entregado a Sansón.

"Nuestro dios ha entregado en nuestras manos
a nuestro enemigo,
al que asolaba nuestra tierra
y multiplicaba nuestras víctimas".

Cuando ya estaban muy alegres, gritaron: "¡Saquen a San-són para que nos divierta!". Así que sacaron a Sansón de la cárcel y él les sirvió de diversión.
Jueces 16:24b-25a

Sansón se vio rebajado a un acto de circo en la fiesta que celebraba su ruina, pero el héroe caído tenía un plan.

Cuando lo pusieron de pie entre las columnas, Sansón dijo al muchacho que lo llevaba de la mano: "Ponme donde pueda tocar las columnas que sostienen el templo, para que me pueda apoyar en ellas". En ese momento el templo estaba lleno de hombres y mujeres; todos los gobernantes de los filisteos estaban allí, y en la parte alta había unos tres mil hombres y mujeres que se divertían a costa de Sansón.
Jueces 16:25b-27

Sansón estaba listo para castigar a los filisteos sacrificando su propia vida, pero sabía que no podía hacerlo sin que regresara la bendición de Dios sobre su esfuerzo. Comenzó reconociendo y clamando al Dios verdadero, el Dios de su pueblo.

Entonces Sansón oró al Señor: "Oh mi Señor y Dios, acuérdate de mí. Oh Dios, te ruego que me fortalezcas solo una vez más; déjame de una vez por todas vengarme de los filisteos por haberme sacado los ojos". Luego Sansón palpó las dos columnas centrales que sostenían el templo y se apoyó contra ellas, la mano derecha sobre una y la izquierda sobre la otra. Y gritó: "¡Muera yo junto con los filisteos!". Luego empujó con toda su fuerza, entonces el templo se vino abajo sobre los gobernantes y sobre toda la gente que

estaba allí. Fueron muchos más los que Sansón mató al morir que los que había matado mientras vivía.
Jueces 16:28-30

Los enemigos de Sansón le habían arrancado los ojos; sin embargo, su redención no llegó a pesar de su ceguera, sino debido a esta. Durante toda su vida, se había comportado de la manera que él creía que era correcta según su perspectiva. Su lujuria lo dominaba y su corazón seguía lo que sus ojos veían. Tuvo que perder la vista para ver a Dios con claridad.

Las cadenas del pecado de Sansón no fueron más fuertes que la misericordia y el amor de Dios, e incluso en la oscuridad de Sansón, cuando pensó que sus malas decisiones y relaciones lo habían alejado de Dios por siempre, Dios estaba allí. Al final, Sansón comprendió cuán santo y poderoso es el Señor. Sansón, ciego y débil, se acercó a Dios con una humildad totalmente contrapuesta a su anterior arrogancia y encontró una victoria más importante que todas las que había conseguido en sus masacres, cuando estaba lleno de orgullo e ira.

Incluso encontramos la historia de redención de Sansón en el "salón de la fama de los héroes de la fe", como a menudo se hace referencia a Hebreos 11. Está allí junto con Gedeón, Barac, Jefté, David, Samuel y los profetas:

... los cuales por la fe conquistaron reinos, hicieron justicia y alcanzaron lo prometido; cerraron bocas de leones, apagaron la furia de las llamas y escaparon del filo de la espada; sacaron fuerzas de flaqueza; se mostraron valientes en la guerra y pusieron en fuga a ejércitos extranjeros.
Hebreos 11:33-34

No se me ocurre mejor respaldo de su redención, y de la inagotable gracia de Dios, que la inclusión de Sansón en esta lista de honor.

Oración: Dios de mi angustia, perdóname por las veces que traicioné tu confianza en mí y por las veces en que lastimé a los demás. Si he vivido con orgullo y egoísmo, que mi corazón regrese en humildad hacia ti con una actitud de arrepentimiento y obediencia. Si he dañado la confianza de mi matrimonio, danos a ambos la gracia para comprometernos el uno con el otro y renueva nuestra esperanza, porque Tú eres el Dios de restauración y nuevos comienzos.

Adán y Eva

(GÉNESIS 1-4)

La historia de amor original

Si fuiste a la iglesia en algún momento de tu niñez, es probable que tu instrucción acerca de la Biblia comenzara justo por donde lo hacen las Escrituras: con Adán y Eva. Ellos son el comienzo de la vida humana, el primer matrimonio y los padres de todos nosotros. Esta primera pareja es el punto de partida de todas las historias del Antiguo Testamento que aprendiste en tu niñez, pasando por Noé, David y Jonás. Ellos nos enseñan verdades sustanciosas sobre cómo Dios diseñó un mundo perfecto para la humanidad, con detalles considerados y maravillas. Adán y Eva también nos muestran qué sucede cuando nuestro orgullo nos lleva a creer que podemos ser iguales a Dios e intentamos construir nuestro reino en lugar de impulsar el suyo.

Todavía recuerdo los días de la escuela dominical: había figuras bíblicas de papel guardadas en sobres hasta que las sacaban y colocaban sobre la pizarra para ayudarnos a visualizar la historia de la creación. ¡Ay, cómo se ponía en marcha nuestra imaginación! Nunca me gustaron las serpientes, de hecho, las detesto, y me pregunto si eso no tendrá que ver con estos primeros recuerdos de la malvada serpiente mentirosa del jardín del Edén. También recuerdo el fruto prohibido y las hojas de la higuera que cubrían todas las partes del cuerpo que correspondía, así como las charlas sobre los cuerpos desnudos. Incluso en ese tiempo, entendía el contraste de una época en la que las personas ni siquiera sabían que estaban desnudas y se sentían completamente cómodas de esa manera. ¿Qué tipo de mundo era ese? Entendía que ya no era aquel en el que vivíamos nosotros.

Pero la historia de Adán y Eva está llena de contenido espiritual que no podemos comprender a los cinco o seis años y, a menudo, cuando volvemos a las historias de nuestra infancia, o aquellas que leímos cuando recién comenzaba nuestro camino espiritual, nos damos cuenta de que ocurre mucho más de lo que creíamos. Esta historia no se trata solo de animales que hablan o árboles mágicos, sino de la belleza de las relaciones y de cómo en un instante cambió el diseño del mundo perfecto de Dios.

Dios empieza toda la historia de la salvación, el camino de la humanidad con Dios, con un matrimonio. Un hombre y una mujer que construyen una vida juntos y en unidad son el punto de partida de todo lo que vendrá después. No hablaríamos de Noé, David, Jonás ni Jesús si Adán y Eva no hubieran encontrado la manera de seguir juntos en medio de las peores circunstancias y dar inicio a la humanidad. El matrimonio no es una idea que aparece más adelante en las Escrituras, sino la base de todo lo demás.

Recuerda que Adán y Eva no eran simples símbolos, sino personas de carne y hueso como nosotros. Su vida era complicada y desafiante, como la nuestra. Al igual que cada ser humano que siguió sus pasos, Adán y Eva eran una mezcla del bien y del mal. No comenzaron su existencia como pecadores, pero el resto de los seres humanos sí debido a las decisiones que ellos tomaron. Fueron tentados, como nosotros también lo somos. Aquello que parecía lo mejor para ellos en el momento destruyó una relación perfecta y sin mancha con su Padre celestial. Pero Él nos amó tanto a todos nosotros que creó un camino de regreso para que pasemos la eternidad con Él, en vez de estar separados para siempre. En la compleja historia de Adán y Eva, encontramos lecciones profundas y fundamentales sobre el compañerismo, el pecado y lo que significa conocer verdaderamente a otra persona.

En el principio...

Génesis 1 nos trae la hermosa historia de la creación. Vemos cómo Dios moldea con cuidado y poder una cosa tras la otra, y ello culmina en todo lo que conocemos acerca de nuestra existencia; el día, la noche, el Sol, las plantas, los animales y, finalmente, el ser humano. Leemos las palabras "y Dios consideró que esto era bueno" una y otra vez en este capítulo. ¡Recuérdalo! Más adelante verás por qué es importante. Al final de Génesis 1, Dios da forma a su obra maestra:

> Luego dijo Dios: "Hagamos al ser humano a nuestra imagen y semejanza. Que tenga dominio sobre los peces del mar y sobre las aves del cielo; sobre los animales domésticos, sobre los animales salvajes y sobre todos los animales que se arrastran por el suelo".
> Y Dios creó al ser humano a su imagen;
> lo creó a imagen de Dios;
> hombre y mujer los creó.
> Génesis 1:26-27

Cuando las Escrituras dicen que Dios creó al ser humano a su imagen y semejanza, no hacen referencia al cuerpo físico. Dios es un ser espiritual que no está confinado a nuestros límites humanos. Pero nos hizo con un sentido del conocimiento, una capacidad para razonar y tomar decisiones independientes. Tenemos emociones y razonamiento lógico. Somos diferentes de las plantas y los animales en ese sentido. Podemos tener una relación con Dios, comunicarnos con Él y adorarlo. Inmediatamente vemos dos cosas que Dios hizo por la humanidad: la bendijo y le dio dominio sobre todo lo demás. No cabe duda de que con ello viene la responsabilidad de administrarlo con sabiduría.

En Génesis 2, tenemos más detalles sobre cómo creó Dios al hombre.

> Y Dios el Señor formó al ser humano del polvo del suelo; entonces sopló en su nariz aliento de vida y el hombre se convirtió en un ser viviente.
> Génesis 2:7

De nuevo, somos únicos porque Dios mismo sopló aliento de vida en nosotros. Eso no ocurrió con los peces ni los osos hormigueros. Adán era especial y distinto entre todas las creaciones de Dios. También vemos que Dios creó el jardín del Edén y puso a Adán allí.

> Dios el Señor hizo que creciera toda clase de árboles atractivos a la vista y buenos para comer. En medio del jardín hizo crecer el árbol de la vida y también el árbol del conocimiento del bien y del mal.
> Génesis 2:9

Hablaremos sobre estos árboles enseguida, pero observa que Dios no envió a Adán allí para que se recostara sobre una hamaca. El versículo 15 nos dice específicamente que Dios puso a Adán en el jardín "para que lo cultivara y lo cuidara". Si alguna vez pensaste o te enseñaron que el trabajo es parte del castigo de Dios como consecuencia del pecado de Adán y Eva, quiero que sepas que esto no es así. Dios le dio al hombre un propósito en el trabajo. Eso formaba parte de su plan original e ideal para nosotros.

Después de poner a Adán en ese hermoso lugar, Dios le dio una tarea e instrucciones muy específicas. Le dijo a Adán que había muchos tipos de frutos sabrosos y gloriosos entre los cuales podía elegir, pero le advirtió que no comiera de un árbol en particular.

> ... pero del árbol del conocimiento del bien y del mal no deberás comer. El día que de él comas, sin duda morirás.
> Génesis 2:17

Esas eran las órdenes. No había excepciones ni escapatorias. Y, justo después, por primera vez, vemos a Dios diciendo que algo "no es bueno" (v. 18). Hablaba de que el hombre estuviera solo. De inmediato agregó: "Voy a hacerle una ayuda adecuada". Pero justo antes de hacerlo, le dio a Adán otra tarea divertida: ponerle nombre a cada uno de los animales que Dios había creado.

> Así el hombre fue poniéndoles nombre a todos los animales domésticos, a todas las aves del cielo y a todos los animales del campo. Sin embargo, no se encontró entre ellos la ayuda adecuada para el hombre.
> Génesis 2:20

Imagina ver los majestuosos leones y elefantes, así como los adorables ratones de campo y las nutrias. Qué espectáculo debe haber sido ver las diferencias entre cada uno de los animales. ¿Cómo hizo Adán para decidirse? Se trataba de una responsabilidad enorme, y Dios se la confió a la creación especial que había formado. Sin embargo, después de repasar criaturas de todos los tamaños y todas las formas, con plumas o pelaje, vemos la triste afirmación de que no había una pareja para Adán. Entonces, Dios creó una para él.

> Entonces Dios el Señor hizo que el hombre cayera en un sueño profundo y, mientras este dormía, le sacó una costilla y cerró la herida. De la costilla que le había quitado al hombre, Dios el Señor hizo una mujer y se la presentó al hombre...
> Génesis 2:21-22

Esta vez, en lugar de tomar el polvo para moldear otro ser humano complejo y distinto, Dios creó a la mujer a partir del cuerpo de Adán. En *Matthew Henry's Commentary on the Whole Bible* [Comentario de la Biblia de Matthew Henry], el autor hace esta fascinante observación:

> La mujer fue creada a partir de una costilla del costado de Adán; no de la cabeza para gobernarlo, ni de los pies para ser pisoteada por él, sino del costado para ser su igual, debajo de su brazo para ser protegida y cerca de su corazón para ser amada.[1]

¡Qué hermosa manera de describir la relación ideal entre Adán y Eva! Es fácil malinterpretar la palabra "ayuda". Es innegable que, en una primera lectura, Eva parece una asistente de

Adán, alguien que lo ayudará en la labor que se le ha asignado. Pero ¿acaso eso la hace menos humana o valiosa? La respuesta es: de ninguna manera. Si investigamos la palabra en hebreo que se usa en las Escrituras para Eva, descubriremos que la definición de "ayuda" de la Biblia puede ser algo diferente a la nuestra.

La palabra "ayuda" en hebreo es *ezer*. Es una palabra sencilla que se usa con frecuencia en la Biblia. En esencia, *ezer* significa fuerte o salvar. *Ezer* no es tan solo ayuda, sino rescate. Cuando nació el segundo hijo de Moisés en la tierra de Madián, lo llamaron Eliezer, que significa "Dios es mi ayuda".

... el otro se llamaba Eliezer, porque [Moisés] dijo: "El Dios de mi padre me ayudó y me salvó de la espada del faraón". Éxodo 18:4

En el libro del profeta Oseas, Dios dijo a su pueblo: "Voy a destruirte, Israel, porque estás contra quien te *ezer*" (Oseas 13:9). Moisés, al final de su vida, le pidió a Dios una bendición sobre las tribus de Israel e imploró por Judá: "Y tú seas su *ezer* contra sus enemigos" (Deuteronomio 33:7 RVR60). Cuando el salmista cantó sobre las bendiciones que siguen a aquellos que confían solo en el Señor, clamó:

Dichoso aquel cuya *ezer* es el Dios de Jacob, cuya esperanza está en el Señor su Dios... Salmos 146:5

De hecho, casi todas las veces que aparece la palabra *ezer* en la Biblia, se emplea para describir los actos salvadores de Dios mismo. ¡Dios no es un asistente! Él interviene con su diestra y libera a su pueblo, es la ayuda que no falla y la fortaleza que nadie puede derrotar. Dios usa la misma palabra para describir a Eva y para describirse a sí mismo. ¿Puedes imaginar un honor más importante para un ser humano? Entonces, la idea aquí no parece ser la de una "asistente", ¿verdad?

En cambio, el plan de Dios para la relación de Adán y Eva era que pudieran confiar el uno en el otro de la misma manera en que confiaban en Dios. Eva no fue algo que se le ocurrió después, sino una parte fundamental de la vida de su esposo y del plan de la creación. Ser una "ayuda" es una misión increíble. Y todo comenzó en un lugar glorioso, en sentido literal y figurado. Observa la reacción de Adán cuando se encontró con Eva:

"Esta sí es hueso de mis huesos
y carne de mi carne.
Se llamará 'mujer'
porque del hombre fue sacada".
Génesis 2:23

Desde el comienzo, Adán comprendió que no eran como los demás. No había punto de comparación con los cientos o miles de animales que había estudiado y nombrado. Eva era, literalmente, una parte de él. Efesios 5:28 dice: "el esposo debe amar a su esposa como a su propio cuerpo".

Por eso dejará el hombre a su padre y a su madre, se unirá a su mujer, y los dos llegarán a ser uno solo. En ese tiempo el hombre y la mujer estaban desnudos, pero no se avergonzaban.
Génesis 2:24-25

Estos últimos versículos de Génesis 2 nos permiten ver el plan para el matrimonio. Dos personas dejan a sus seres queridos y se usen para compartir el mismo vínculo que tenían Adán y Eva. Eran la creación amada por Dios en un magnífico mundo lleno de propósito y paz. "No se avergonzaban" de su cuerpo. Lo que vemos es verdadera intimidad y vulnerabilidad, tanto físicas como emocionales. No tenían nada para esconderle al otro.

Quienes estamos casados sabemos que hay muchos momentos que no son como los cuentos de hadas, pero incluso en esos desafíos, cuando estamos unidos en una verdadera intimidad, encontramos seguridad y consuelo en el otro. Recuerdo que, en los primeros años de mi matrimonio, noté que mi risa sonaba diferente porque era más ruidosa y menos reservada. Sé que parece una observación extraña, pero recuerdo pensar que hacía referencia a algo nuevo y diferente. Venía de un lugar sin dudas ni vergüenza. Realmente sentía que había encontrado a la persona ideal para mí y tenía la seguridad para vivir y expresar todas mis emociones, ya fueran buenas o malas. La relación que tenían Adán y Eva al comienzo era incluso más abierta y pura, ya que aún no había sido influenciada por el pecado.

Problemas

Si la historia de Adán y Eva fuera un programa de televisión, en este momento escucharíamos un sonido similar al de un rasguño, como cuando la aguja saltaba el vinilo (algunos de ustedes quizás deban buscar qué significa eso). Toda esa dicha e inocencia se frenará súbitamente. Una serpiente, descrita como la criatura más astuta de la creación, se acerca llamando a Eva.

... así que preguntó a la mujer:
—¿Conque Dios les dijo que no comieran de ningún árbol del jardín?
Génesis 3:1b

Hay muchas referencias en la Biblia dejando en claro que esta es la obra de Satanás. El empezó por Eva, así como a veces hace con nosotras, e intentó sembrar dudas acerca de lo que Dios había ordenado. Ella intentó corregirlo.

—Podemos comer del fruto de todos los árboles —respondió la mujer—. Pero en cuanto al fruto del árbol que está en medio del jardín, Dios nos ha dicho: "No coman de ese árbol ni lo toquen; de lo contrario, morirán".
Génesis 3:2-3

¡Presta atención! Ten cuidado cuando escuches la voz del enemigo. Sí, puedes decirle que es un mentiroso cuando te presente una tentación. Cita las Escrituras, haz que se calle. Pero no intentes mantener una conversación razonable con él. Cuando estamos débiles o agotados, o nos toma por sorpresa, el enemigo intentará marearnos en una espiral de duda y contradicciones. Efesios 4:27 nos advierte diciendo que no demos "cabida al diablo". Sal de allí en la primera oportunidad que tengas.

La serpiente retrucó con una media verdad.

—¡No es cierto, no van a morir! Dios sabe muy bien que cuando coman de ese árbol se les abrirán los ojos y llegarán a ser como Dios, conocedores del bien y del mal.
Génesis 3:4-5

Esta es otra de sus maquinaciones: encubrir una pizca de verdad dentro de un enorme engaño. Sabía que Eva no caería muerta de inmediato. La tentó con la posibilidad de ser como Dios. ¿Te suena familiar? Tergiversó la verdad a fin de preparar el corazón de Eva para que aceptara la siguiente mentira.

La mujer vio que el fruto del árbol era bueno para comer, y que era atractivo a la vista y era deseable para adquirir sabiduría; así que tomó de su fruto y comió.
Génesis 3:6a

Aquí hay una importante lección para nosotros sobre suponer que sabemos más que Dios. A menudo una voz en nuestro interior dice: *Sé lo que debe querer hacer Dios aquí, pero puedo encontrar un camino más fácil para eso.* Esa voz no proviene de Dios. Nuestro único trabajo es confiar en la palabra de Dios y seguir sus mandamientos, incluso cuando no entendemos el porqué o quizás especialmente en esos momentos.

Eva hizo lo que a veces hacemos nosotros: reemplazó su razonamiento por el de Dios. Quizás no quiso rebelarse contra Dios de manera consciente. Por supuesto que la apariencia sabrosa del fruto no ayudó. Y seguro habrá tenido algo que ver eso de ser como Dios, que es la parte en la que la serpiente hizo énfasis. Mira qué parte vino primero en ella: el mero placer del fruto. A fin de cuentas, no creo que Eva haya tomado una decisión teológica. Vio algo que quería y lo tomó. Eso nos puede resultar familiar, porque puede ser la manera en que funciona el pecado en nuestra vida. El pecado siempre se presentará como algo sin importancia y, además, como algo que se ve bien y sabe delicioso. El libro de Santiago nos advierte:

... cada uno es tentado cuando sus propios malos deseos lo arrastran y seducen. Luego, cuando el deseo ha concebido, engendra el pecado; y el pecado, una vez que ha sido consumado, da a luz la muerte.
Santiago 1:14-15

El pecado da lugar a la muerte espiritual y a la separación de Dios. Esto es algo que Adán y Eva están a punto de descubrir.

Presta atención a lo que sucedió después: Eva acudió a Adán y compartió el fruto con él.

> Luego dio a su esposo, que estaba con ella, y él también comió.
>
> Génesis 3:6b

Espera un momento, ¿cómo es eso? No recuerdo que me lo hayan contado así en la escuela dominical ni en las páginas de mi Biblia ilustrada para niños. Adán estaba con ella. ¿Estuvo con Eva durante la conversación con la serpiente? No sé cuándo se acercó Adán, pero estaba allí cuando ella decidió tomar el fruto y comerlo. Muchas enseñanzas cristianas a lo largo de los años han culpado a Eva por la calamidad del jardín, pero, aunque ella comió primero, más adelante Pablo menciona a Adán como el motivo por el cual la muerte entró en el mundo (Romanos 5:12). El pecado de Adán fue la caída de la humanidad. ¿Qué le pasaba por la cabeza? No lo sabemos. Pero definitivamente no se quejó cuando Eva le dio el fruto.

Aunque sin duda tuvo algunos pensamientos cuando Dios los atrapó. Cuando Dios fue a ver a Adán, los ojos de Adán y Eva habían sido "abiertos" y se dieron cuenta de que estaban desnudos. Se cubrieron con hojas de higuera y se escondieron cuando escucharon que Dios se acercaba. Ante el llamado de Dios, Adán tenía una respuesta preparada:

> El hombre contestó:
> —Escuché que andabas por el jardín y tuve miedo porque estoy desnudo. Por eso me escondí.

—¿Y quién te ha dicho que estás desnudo? —preguntó Dios—. ¿Acaso has comido del fruto del árbol que yo te prohibí comer?

Él respondió:

—La mujer que me diste por compañera me dio de ese fruto y yo lo comí.

Génesis 3:10-12

¡Increíble! No solo culpó a Eva, sino que también señaló a Dios. *Tú me diste a esta mujer, la que comenzó el problema.* Todo lo que Adán dijo a Dios era cierto: Dios le había dado una *ezer*, una mujer para que estuviera con él y, luego, Eva le dio el fruto. Pero es sorprendente ver cuán rápido Adán presentó un argumento para declararse inocente.

La Biblia no nos dice qué le respondió Eva a Adán, pero le siguió la corriente y también intentó desviar la culpa.

Entonces Dios el Señor preguntó a la mujer:

—¿Qué es lo que has hecho?

—La serpiente me engañó, y comí —contestó ella.

Génesis 3:13

Es cierto, el enemigo deformó y retorció la verdad. Sin embargo, Adán y Eva tenían la orden clara de Dios de no comer de ese árbol en particular. Se permitieron a sí mismos dejar a un lado lo que Dios había dicho y creer la mentira de la serpiente para seguir sus deseos egoístas. Cada uno tomó su decisión pecaminosa y, luego, intentó culpar a otro. Y ahora están a punto de averiguar cuánto les costaría esta decisión.

Primero, Dios maldijo a la serpiente y anticipó lo que sería su derrota definitiva por Cristo y el plan de salvación. Quizás a Dios le gustó esto, pero me pregunto si se le habrá roto el corazón cuando les explicó a Adán y Eva el cambio drástico que sufriría su vida idílica.

A la mujer dijo:
"Multiplicaré tu sufrimiento en el parto
y darás a luz a tus hijos con dolor.
Desearás a tu marido,
y él te dominará".
Génesis 3:16

Y a Adán se le acabó la vida pacífica que llevaba en el jardín del Edén:

... ¡maldito será el suelo por tu culpa!
Con sufrimiento comerás de él
todos los días de tu vida.
La tierra te producirá cardos y espinas,
y comerás hierbas silvestres.
Te ganarás el pan con el sudor de tu frente,
hasta que vuelvas a la misma tierra
de la cual fuiste sacado.
Porque polvo eres
y al polvo volverás.
Génesis 3:17b-19

El trabajo de Adán sería arduo y difícil, y después moriría para volver al polvo que Dios había usado para crearlo.

Cuando Adán y Eva recibieron el conocimiento del bien y del mal, Dios observó que no podían quedarse en el jardín y comer del árbol de la vida, porque esto les daría inmortalidad. En cambio, los echó del Edén y un querubín con una espada ardiente custodiaría el árbol para que las dos personas en quien Dios no podía confiar no llegaran a él. Esta es una oración muy dolorosa: los echaron del único mundo que conocían con la certeza de que iban a morir. La muerte entró en la creación por medio de Adán.

La pérdida de su hogar, del mundo tal como lo conocían y de su propósito divino no era el final de la tragedia para Adán y Eva. También sufrieron como padres. Cuando leemos que Caín asesina a su hermano Abel, podemos pasar por alto cuán difícil debe haber sido esto para Adán y Eva. Es evidente que criaron a ambos enseñándoles la importancia de ofrecer sacrificios a Dios. Pero, en una ocasión, Dios favoreció más la ofrenda de Abel que la de Caín, y eso enojó muchísimo a Caín (Génesis 4:3-5).

El Señor confrontó a Caín:

Entonces el Señor le dijo: "¿Por qué estás tan enojado? ¿Por qué andas cabizbajo? Si hicieras lo bueno, podrías andar con la frente en alto. Pero si haces lo malo, el pecado está a la puerta para dominarte. No obstante, tú puedes dominarlo".
Génesis 4:6-7

En cambio, Caín llevó a Abel a un campo y lo mató. Después, se hizo el distraído.

El Señor preguntó a Caín:
—¿Dónde está tu hermano Abel?
—No lo sé —respondió—. ¿Acaso soy yo el que debe cuidar a mi hermano?
Génesis 4:9

Las consecuencias fueron inmediatas y devastadoras. Dios le dijo a Caín que tendría que soportar una maldición, que ya no podría cultivar la tierra y que en el mundo sería "un fugitivo errante" (Génesis 4:12).

Debido a este castigo, Adán y Eva perdieron a sus dos hijos al mismo tiempo. ¿Habrán sentido que fallaron como padres? Caín no prestó atención a las lecciones sobre controlar las emociones, por no hablar de la importancia de la vida humana, que sus padres pueden haber intentado impartirle. En ese sentido, el pecado de Caín no era diferente del de Eva. Ambos dejaron de lado aquello que sabían que era lo correcto porque los superó la emoción del momento: el deseo y la avaricia en el caso de Eva, así como la ira y el resentimiento en el caso de Caín.

Restitución

Entonces, ¿cómo quedaron Adán y Eva después de esto? ¿Qué sucedió con su relación después de no una, sino dos tragedias inconcebibles? Como resultado de la caída, Adán y Eva fueron expulsados del único mundo que conocían. Además, debieron vivir con la certeza de que su error tenía consecuencias eternas y cósmicas. ¿Cómo sobrevive un matrimonio a eso?

Inmediatamente después de la primera tragedia, sucedieron dos cosas. Las Escrituras nos dicen que Adán le dio a Eva un nuevo nombre y tuvieron relaciones sexuales como marido y mujer. Recuerda que, cuando Adán conoció a Eva, la nombró "mujer" explicando que "se llamará 'mujer' porque del hombre fue sacada" (Génesis 2:23). En hebreo, la palabra en este versículo es *ishah*, que es muy parecida a la palabra hombre, *ish*. El hombre y la mujer eran dos mitades de un entero, dos partes de la misma palabra.

Después de la pérdida del Edén, Adán le dio un nuevo nombre a su esposa: "El hombre llamó Eva a su mujer porque ella sería la madre de todo ser viviente" (Génesis 3:20). "Eva" es la forma en español del nombre hebreo *Chava*. Este nombre comparte una raíz con el verbo que significa "ser" o "existir". Tiene sentido que, al ser la primera mujer de la Tierra, se convertiría en la madre de todos los demás. ¿Será que Adán estaba intentando aliviar el dolor de Eva con una nueva perspectiva con este nuevo nombre? Su primer nombre o etiqueta, *ishah*, apuntaba hacia Adán y su relación con él. Su nuevo nombre, *Chava*, apuntaba hacia delante. Sin embargo, ella aún era "hueso de [sus] huesos y carne de [su] carne". Pero Eva sería quien tomaría esos huesos y esa carne y formaría toda la raza humana. Todas las personas que existieron, existen y existirán descienden de esta mujer complicada, imperfecta y amada. Pareciera que, con este nombre, Adán le dijera: *Eres más grande que yo. Todavía tienes un propósito y una misión.* Hay algo incluso más importante: que Adán compartía esa misión con ella.

Lo segundo que hizo Adán fue hacer el amor con su esposa. Algunas traducciones dicen que "tuvo relaciones sexuales" (NVI) o "se unió" (DHH, BLP), pero ninguna refleja con certeza la palabra hebrea, que es un poco extraña. La Reina-Valera 1960 con la que muchos nos criamos, la traduce de forma literal: "*Conoció* Adán a su mujer Eva" (Génesis 4:1 RVR60). Cuando la Biblia habla acerca de la intimidad física, emplea el vocabulario del conocimiento. ¿Qué significa que Adán y Eva se *conocieron*?

La palabra hebrea para "conocerse" es *yadá* y se basa en el tipo de conocimiento que adquirimos cuando vemos algo. Marca un contraste con lo que se puede aprender acerca de un tema o una persona en un libro. Es el tipo de conocimiento que proviene de vivir y experimentar algo. Conocer a alguien en ese sentido no es tan solo tener una *idea* de quién es. Conocer a alguien en el sentido de la palabra *yadá* es *verlo* realmente, en cada nivel y de cada manera. Adán y Eva no experimentaron tan solo una unión física, sino un conocimiento mutuo profundo, producto de la comprensión de quién era verdaderamente el otro como persona.

Quizás no hemos logrado comunicar esta faceta santa y única del matrimonio a los jóvenes. Conocer a alguien íntimamente no se trata de tener relaciones sexuales con esa persona, sino de la vulnerabilidad y honestidad reales con las que Adán y Eva comenzaron en el jardín del Edén. El plan bíblico para el sexo consiste en intimidad profunda y conocimiento mutuo. Lo cierto es que es necesario tener madurez emocional y espiritual para tener la habilidad y la capacidad de conocer al otro en profundidad y permitir que el otro te conozca de la misma manera.

Es el trabajo de una vida entera y no es algo que podamos hacer con más de una persona a la vez ni de manera casual cuando tenemos ganas. La monogamia se basa en la idea de este tipo de conocimiento profundo e íntimo. Los cristianos esperan hasta el matrimonio porque el conocimiento *yadá* de un cónyuge dentro del pacto del matrimonio implica tiempo, espacio y compromiso.

Como seres humanos, a veces nos cuesta hacer estas cosas bien. Pero, cuando tenemos un objetivo y sabemos que nos espera algo increíble, podemos hacer el esfuerzo. No se trata únicamente de evitar algo que nos tienta y excita, aunque eso pueda ser muy difícil, sino de apreciar las cosas maravillosas que pueden suceder cuando seguimos el diseño de Dios.

Adán y Eva se enfrentaron un dolor inimaginable dos veces en la vida. En las dos ocasiones, recurrieron al otro para responder a ese dolor: una vez cuando perdieron el Edén y otra cuando perdieron a Caín y Abel. Después de la pérdida de estos hijos, la Biblia nos dice que "Adán volvió a tener relaciones sexuales con su mujer y ella tuvo un hijo al que llamó Set" (Génesis 4:25a). Vemos un patrón en la vida de Adán y Eva; un patrón de unión y de reconstrucción luego de que hechos terribles amenazaran con separarlos y destruirlos.

Miles de años más tarde, uno de los descendientes de Adán y Eva también se encontraría completamente solo en otro jardín, lo que puede representar un paralelismo doloroso con el primer estado de Adán. En el jardín del Getsemaní, este hombre a quien Pablo llamó "el último Adán" (1 Corintios 15:45) fue abandonado por sus amigos y familiares, a pesar de que les había rogado que lo apoyaran en este tiempo de necesidad. Luego, ese hombre, Jesús, que también era Dios, haría lo que su antepasado Adán no podía: aplastar la serpiente para salvar a la humanidad.

Adán y Eva no alcanzaron su potencial, pero su impacto no terminó con la caída. No solo deberíamos considerarla la historia del pecado original, sino el nacimiento del amor original. Queda claro que la historia de Adán y Eva aún no ha terminado de enseñarnos.

Oración: Dios misericordioso, Señor del amor, ayúdame a apreciar la belleza de tu plan original para la humanidad. Abre mis ojos para que pueda ver que no tiene sentido ir tras mi propio reino ni pensar que sé más que Tú, que tienes sabiduría divina. Que quienes se casen lo hagan con reverencia y humildad y con un compromiso verdadero por conocer al otro y permitir que el otro lo conozca. Rodéanos con tus brazos de protección y perdónanos cuando desobedecemos. Aumenta nuestro amor por ti y nuestro amor por el otro.

José y María

(MATEO 1:18-2:23,
LUCAS 2:41-52)

Una relación de confianza

Mientras escribo, bebo mi *mocha latte* descafeinado y ansío adornar mi casa para la Navidad. Hace tiempo que estoy lista para hacerlo, así que ya he conversado con mi marido sobre bajar las cosas del ático. Es cierto, aún no ha pasado el día de acción de gracias, pero anhelo compartir el mensaje de esperanza de la llegada de Cristo. Esto pone las pruebas de este mundo en perspectiva y me recuerda las entrañables celebraciones de mi niñez. Las luces que parpadean, los árboles que brillan y los adornos navideños; todo esto me llena de gozo, pero nada tiene más sentido para mí que los dos pesebres que me regalaron dos personas que amaba y ya han partido al cielo.

El primero es una copia fiel de un pesebre que mi abuela Nell sacaba a relucir cada año. Es un establo de madera y pequeñas figuras de porcelana que muevo una y otra vez hasta que quedan en el lugar perfecto. Incluso tiene algo de musgo y heno que parece multiplicarse y desparramarse cada vez que saco este precioso tesoro. A lo largo de los años, repetí varias veces cuánto me gustaba el pesebre de mi abuela mientras ella aún vivía. Entonces, un año ella me regaló uno que compró en el mismo lugar en el que había comprado el suyo: el catálogo Sears and Roebuck Christmas Wish Book. El segundo es totalmente diferente: una delicada colección de figuras de porcelana y marfil de mi madrastra Linda. Ella sabía cuánto me gustaba esta fiesta, y yo siempre atesoraré su regalo atento.

Cada año, desembalo con cuidado las piezas de estos dos pesebres y coloco al Niño Jesús en el centro, donde debe estar. Y, aunque Jesús siempre será la parte más importante de la historia de la Navidad, encontramos mucha belleza en la historia secundaria de José y María como pareja. Varias veces me he preguntado cómo habrá sido la vida de José al criar un niño que no era su hijo, pero que se convertiría en el salvador del mundo. Tanto él como María fueron empujados a un viaje increíble e inesperado que habría sido mucho más complicado si no hubieran estado unidos en su fe y confianza en el otro y en el plan definitivo de Dios. El Señor de los cielos y la tierra eligió vivir y crecer como un niño y como miembro de su familia, en su hogar. Sabemos que debe haber visto algo realmente extraordinario en estas dos personas comunes que vivían en Israel en el siglo I.

A diferencia de las relaciones que se describen en la Biblia y en este libro, no hay ni una palabra negativa acerca del matrimonio de María y José. Vemos que son personas honestas y que permanecen fieles el uno al otro en medio de circunstancias muy difíciles. Se trata de una historia de amor llena de sacrificio y abnegación, un modelo que perdura en el tiempo.

Los primeros días

Uno de los primeros rasgos que aprendemos acerca de José es que se preocupa por María y por su reputación. Se lo identifica como un hombre justo, aunque estaba en una situación bastante complicada.

> El nacimiento de Jesucristo fue así: Su madre, María, estaba comprometida para casarse con José; pero, antes de unirse a él, resultó que estaba embarazada por el poder del Espíritu Santo. Como José, su esposo, era un hombre justo y no quería exponerla a vergüenza pública, decidió romper en secreto el compromiso.
> Mateo 1:18-19

En este pasaje, descubrimos que María sabía que estaba embarazada y que había compartido esta noticia con José. Él sabía que las personas inventarían chismes y hablarían acerca de su embarazo fuera del matrimonio, ¡y seguro especularían sobre él también! Aún más importante, sabía que la vida y el bienestar de María estarían en peligro si él la exponía como una mujer adúltera que había engañado a su prometido. Según la ley, si María hubiera dormido con otro hombre, esto se habría considerado adulterio. En pocas palabras, la habrían apedreado hasta que muriera. ¿Qué se le habrá cruzado por la cabeza a José? Independientemente de sus emociones, quería resolver el asunto "en secreto" para no "exponerla a vergüenza pública".

José actuó de manera honorable. Si pensaras que te han traicionado de esta manera, ¿tendrías la fortaleza para actuar con tal dignidad? Cuando alguien nos lastima, nuestro impulso carnal a menudo es tomar represalias. José podría haber dirigido la vergüenza pública de todo Nazaret a la joven María. Todos conocemos a alguien —y pienso ahora en una celebridad en particular que hizo esto con su pareja— que ha arrastrado a su pareja por el lodo de manera pública y audible. Quizás pensemos que están justificados, ¿no? En cambio, José pensó en María y optó por ahorrarle la vergüenza pública y romper en secreto el compromiso.

Qué lección importante y pertinente para nosotros en la actualidad, cuando tan solo una publicación en las redes sociales puede hacer que una gran audiencia conozca casi todo lo que hacemos. Las redes sociales pueden ser un hermoso regalo que nos permite estar conectados con la gente que valoramos y seguir presentes en la vida de tantas personas que nos importan. Pero no hay duda de que una de las desventajas de las redes sociales es la manera en que pueden destruir la vida de una persona, ya sea debido a sus propias acciones ingenuas o a las acciones conjuntas de alguien que se propone destruirla. También están diseñadas para que comparemos nuestra vida con la de los demás, lo que implica un estándar irreal, dado que la mayoría de lo que vemos está retocado y editado a tal punto que pierde la conexión con la realidad. Las redes recuerdan de manera constante que no solo debemos estar a la altura de las personas que conocemos, sino también de completos desconocidos.

Casi nadie publica sobre sus problemas matrimoniales en las redes sociales. "Peleamos por dinero de nuevo" no suena tan bien como "¡Mira nuestras hermosas vacaciones!".

Está bien, pero ¿qué tiene que ver todo esto con José y María? En primer lugar, cabe recordar que, aunque las redes sociales han intensificado el temor por lo que los demás pensarán sobre nuestros fracasos, no somos los únicos que se han preocupado por esto a lo largo de la historia. ¡José también se

preocupó! Cuando estaba comprometido con María y descubrió que ella estaba embarazada, uno de sus primeros pensamientos fue "¿Qué pensará la gente de ella?".

Dios envió a un mensajero para tranquilizar a José.

> Pero cuando él estaba considerando hacerlo, se le apareció
> en sueños un ángel del Señor y le dijo: "José, hijo de David,
> no temas recibir a María por esposa, porque ella ha conce-
> bido por el poder del Espíritu Santo. Dará a luz un hijo y le
> pondrás por nombre Jesús, porque él salvará a su pueblo
> de sus pecados". Todo esto sucedió para que se cumpliera
> lo que el Señor había dicho por medio del profeta: "La vir-
> gen concebirá y dará a luz un hijo y lo llamarán Emanuel"
> (que significa "Dios con nosotros").
> Mateo 1:20-23

La revelación inicial del ángel a María respecto de su papel
en la salvación se lleva gran parte de la atención en la historia
de Navidad, pero Dios sabía que José sería un padre terrenal
para su Hijo y se aseguró de que recibiera guía y tranquilidad
divinas. Parece increíble pensar en la visita de un ángel en un
sueño profético, pero imagina enterarte además de que serás
parte de la profecía que has estudiado y esperado como todo
hombre judío fiel.

El ángel le dijo a José que no temiera. Dios nos da este
mensaje una y otra vez en las Escrituras. Nos conoce tan bien
que comprende que tendremos miedo. Probablemente, José
temía lo conocido: que las personas no les creyeran a él y a
María y que supusieran que el embarazo era el resultado de
un pecado. Sin embargo, ¿habrá temido también a lo desco-
nocido, como nos ocurre a nosotros con frecuencia? ¿Le preocupaba abandonar los planes que había hecho con María para

esta vida que ahora estaba patas para arriba? ¿Qué implicaría esta tarea celestial para ellos? ¿Y para sus familias? ¿Y para el pueblo judío? Pronto tendría que criar al Mesías, a la promesa de salvación. No sabemos que esperaba José para su matrimonio con María. No sabemos qué esperaba María para su compromiso con José ni cuáles eran sus sueños para el matrimonio antes de que se le apareciera Gabriel. Tan solo era una joven campesina de un pequeño pueblo. ¡Ninguno de ellos podría haberse imaginado que criarían al Hijo de Dios!

El mensaje del ángel sobre no temer en medio de una situación que nos toma por sorpresa también aplica para nuestras relaciones en el día de hoy. Dios nos dice: *No tengas miedo de soltar los sueños sobre cómo debería ser tu matrimonio.* Nos aferramos demasiado a la manera en que "debería" verse nuestra vida y en cómo debería ser nuestro matrimonio. Cuando nuestra relación se desvía del camino, nos inquietamos. Cuando nos enamoramos, Sheldon y yo no sabíamos que a él le diagnosticarían un tumor cerebral ni que nuestros padres fallecerían de repente. Pero nada de esto fue una sorpresa para nuestro Padre celestial. Él nos acompaña en nuestro matrimonio, nos guía a través de los valles dolorosos y nos fortalece como ayuda para nuestro cónyuge cuando vemos que está sufriendo. Quizás ese sea el momento en que Dios participa de manera más activa en nuestro matrimonio y el plan de Dios para nuestras vidas se concreta.

Presta atención a esto que el ángel le dijo a José: "le pondrás por nombre Jesús". Enfócate en la primera parte: "le pondrás por nombre Jesús". Lo que le pasaba a María no le ocurría solamente a ella, sino también a su marido. Esto era para ambos. Al dejar en claro que José también desempeñaba un papel, y uno muy importante según la tradición judía, en el nacimiento de este niño, el ángel le decía a José que esta era una sociedad. La anunciación no solo fue para María, sino también para José y para su matrimonio.

Quienes tenemos varios años de casados sabemos que cada hecho trascendental que le sucede a un cónyuge también le sucede al otro, ya sea la pérdida del trabajo, un ascenso inesperado, la muerte de un familiar o un homenaje imprevisto. Esto también es cierto en el caso de los altibajos espirituales. Cuando los valles y las cimas formen parte de nuestra vida espiritual, nuestro cónyuge estará con nosotros en ese camino. Somos una sola carne. José, cegado por la noticia milagrosa acerca de la joven de Nazaret que creía conocer, podría haber sentido que no tenía nada que ver con ello. Dios se aseguró de que eso no sucediera.

José cumplió aquello que se le había ordenado.

> ... hizo lo que el ángel del Señor le había mandado y recibió a María por esposa. Pero no tuvo relaciones conyugales con ella hasta que dio a luz un hijo, a quien le puso por nombre Jesús.
> Mateo 1:24b-25

Al ponerle por nombre Jesús al niño, José se convirtió en su padre de acuerdo con la ley judía. Según la costumbre de esa época, cuando un padre ponía nombre a un niño aseguraba que formaba parte de su familia. Al convertirse en el padre terrenal de Jesús, José también lo hacía parte del linaje de David, ya que esa afiliación provenía de la afiliación de la tribu de José.

Hoy es verdad, así como lo era hace siglos, que una familia ensamblada puede ser hermosa. Al igual que muchas de las personas que leen este libro, tengo un árbol genealógico muy complicado. Mis padres se divorciaron cuando era pequeña, pero tuve la bendición de tener un padrastro y una madrastra amables y amorosos. Seguramente les habrá costado a estos dos adultos recibir a una hija que no era suya y, además, saber que sus hijos debían recibir a una hermana que quizás no querían. Pero, al igual que José, aceptaron el desafío y aceptaron criarme como si fuera su hija. Mi padrastro era muy sensible y no quería que pareciera que estaba tomando el lugar de mi papá. Aunque le gustaba enseñarme a andar en bicicleta o escuchar mis recitales de piano, también quería dejar en claro que nunca intentaría reemplazar a mi papá. Estas cosas también se le deben haber pasado a José por el corazón y la mente: cómo criar a un joven honorable que no era su hijo.

Además, fíjate que María y José cumplieron la orden de Dios de no consumar su matrimonio hasta el nacimiento de Jesús. Eso era para que se cumpliera la profecía de que una virgen daría a luz al Mesías. Somos llamados a la pureza ante la pasión y, a veces, esto también es así en el matrimonio. Habiendo indicado a los esposos y las esposas que se den cariño y atención sexual, Pablo escribe en el Nuevo Testamento:

> No se nieguen el uno al otro, a no ser de común acuerdo y solo por un tiempo, para dedicarse a la oración.
> 1 Corintios 7:5a

Pablo señala que, a veces, nuestra atención espiritual demanda toda nuestra energía, pero advierte a los esposos que no se nieguen el uno al otro por mucho tiempo. Una vez más, María y José son un modelo de integridad y obediencia en su matrimonio durante la espera del Salvador.

Enfrentar juntos los problemas

Además de saber que serían padres del Hijo de Dios, María y José debían enfrentar las tareas diarias de criar otros niños y formar una familia y un hogar. Me encanta que la Biblia nos dé un vistazo de experiencias muy reales que vivieron en su camino como padres. Nos recuerda que atravesaron momentos de trauma y debieron confiar plenamente en lo que Dios les decía que hicieran. Es común que los matrimonios se separen en medio del estrés y las pruebas. Cuando atravesamos el dolor o estamos por llegar al punto de quiebre, nos sentimos solos y agobiados. Es posible que veamos a nuestro cónyuge como parte del problema, en lugar de apoyarnos en él como fuente de fortaleza. Siempre me conmuevo cuando en las bodas escucho Eclesiastés 4, que ilustra una hermosa imagen del trabajo en equipo.

> Mejor son dos que uno,
> porque obtienen más fruto de su esfuerzo.
> Si caen,
> el uno levanta al otro.
> ¡Ay del que cae
> y no tiene quien lo levante!
> Si dos se acuestan juntos,
> entrarán en calor;
> uno solo ¿cómo va a calentarse?
> Uno solo puede ser vencido,
> pero dos pueden resistir.
> ¡La cuerda de tres hilos no se rompe fácilmente!
> Eclesiastés 4:9-12

No solo obtenemos fortaleza y esperanza el uno del otro, sino que, cuando Dios es el tercer hilo en nuestro matrimonio, algo que va más allá de nuestras capacidades humanas nos fortalece. José y María descubrieron eso juntos.

Pocos de nosotros enfrentaremos las amenazas mortales y la violencia que ellos enfrentaron. En Mateo 2, vemos cómo huyen del rey Herodes, que estaba decidido a hallar y asesinar a Jesús. Eso hizo que tuvieran que abandonar todo aquello que conocían y amaban y emprendieran una travesía nocturna hacia una tierra desconocida con un bebé a cuestas.

> ... un ángel del Señor se apareció en sueños a José y dijo: "Levántate, toma al niño y a su madre, y huye a Egipto. Quédate allí hasta que yo te avise, porque Herodes va a buscar al niño para matarlo". Así que se levantó cuando todavía era de noche, tomó al niño y a su madre y partió para Egipto, donde permaneció hasta la muerte de Herodes. De este modo se cumplió lo que el Señor había dicho por medio del profeta: "De Egipto llamé a mi hijo".
> Mateo 2:13-15

No hubo una fiesta de despedida y tampoco pudieron envolver y proteger los bienes materiales o las reliquias familiares que quizás atesoraban. El camino a Egipto no fue corto, y seguramente la joven pareja debió quedarse allí durante mucho tiempo. ¿Cómo se habrán sentido en un país extraño en el que no conocían a nadie? No cabe duda de que era una existencia diferente a la que conocían y es probable que se hayan sentido profundamente solos de vez en cuando. Cuando las parejas lo pierden todo, el hogar, el país o la seguridad, a veces también se pierden el uno al otro. Pero quizás fue en Egipto, en ese momento de prueba, donde su matrimonio se convirtió en algo más que dos personas unidas para hacer la voluntad de Dios y mantener a salvo al Mesías. Puede haber sido un período en el que se unieron y confiaron el uno en el otro en una tierra remota, alejados de sus familias.

Soy fanática de la idea de "dejar a los padres y unirse a su mujer", pero sé que puede ser difícil para algunas parejas jóvenes. A veces, al comienzo, las parejas viven en la casa de los suegros mientras terminan la universidad o ahorran para comprarse una casa. Pero creo que hay mucha sabiduría en la idea de que deben abandonar el nido y construir su propia vida juntos, como esposo y esposa. Unos meses después de nuestro casamiento, Sheldon y yo nos mudamos a varias horas de mi familia porque yo había terminado de estudiar derecho en la universidad. Ya estábamos a varios estados de distancia de la familia Bream. Teníamos que aprender mucho sobre estirar nuestro presupuesto, encontrar una comunidad con otras parejas jóvenes y controlar los cronogramas y las expectativas. En el día a día, solo nos teníamos el uno al otro. ¡Pero qué aventura vivimos! Descubrimos que podíamos alimentarnos con menos de cincuenta dólares por semana si no nos preocupaba comer muchos sándwiches y fideos y si nunca salíamos a comer afuera. Cometimos muchos errores, pero estábamos juntos. Imagino que María y José deben haber experimentado problemas de crecimiento similares durante los primeros años de su matrimonio.

Este joven matrimonio era resiliente y perduró. Su historia de amor nos ayuda a reflexionar sobre los contrastes y las conexiones con otras relaciones de la Biblia, en especial la de Adán y Eva. Tanto el Antiguo Testamento como el Nuevo Testamento comienzan con la historia de un matrimonio. La antigua creación empezó con una familia y la nueva creación también. Teniendo en cuenta ese paralelismo, podemos ver algunos datos clave sobre la unión de José y María. Al igual que Adán y Eva, perdieron el único hogar que conocían y fueron obligados a huir de manera abrupta e inadvertida. Las circunstancias generales pueden ser parecidas, pero hubo una diferencia fundamental en la manera en que las parejas abordaron sus problemas. ¿Recuerdas lo que dijo Adán cuando el panorama para él y Eva parecía desolador? Adán culpó a su esposa por su miseria: "La mujer que me diste por compañera me dio de ese fruto y yo lo comí" (Génesis 3:12).

José podría haber dicho: "¡Un momento! He hecho todo lo que me han dicho que hiciera, ¿y ahora se supone que debo abandonar mi hogar y todo lo que conozco y huir en medio de la noche como si fuera un criminal?". José podría haber considerado a María como la culpable de aquello que los puso en la situación de peligro cuando Herodes buscaba asesinar a Jesús. Pero, a diferencia de Adán, José no acusó a nadie. No protestó ni se separó de María alegando que su situación no era su problema. En este matrimonio, nunca los vemos culparse entre sí.

¿Por qué tomó José un camino diferente del de Adán? Quizás haya una pista en la primera descripción del futuro marido de María que aparece en las Escrituras. Se lo describe en Mateo 1:19 como *dikaios*, una palabra griega con diferentes interpretaciones. Una traducción es "fiel a la ley", pero es mucho más que eso. Es la misma palabra que en otras partes de la Biblia se traduce como "recto". Pero estas dos traducciones solo ilustran una parte del significado completo de esta palabra complicada. Sí, cumplir los mandamientos de Dios es una parte de ser *dikaios* y también lo es ser recto con Dios y con el prójimo. Pero la raíz de *dikaios* significa algo como "justo, imparcial, equitativo, bien equilibrado". Uno de los usos más antiguos de esta palabra describe un carro que está en equilibrio en ambos lados: un *arma dikaion* puede atravesar terrenos irregulares sin dificultad alguna porque todas sus ruedas son iguales y están balanceadas.

De la misma manera, una persona *dikaios* es alguien capaz de combinar información pertinente en una situación y, luego, tomar una decisión sabia y equitativa. La idea principal de la palabra es el "equilibrio", lo que nos ayuda a ver por qué José no culpó a María y por qué su matrimonio logró atravesar el terreno irregular que debieron cruzar. Cuando Adán culpó a Eva por lo sucedido, expresó un solo lado de la historia: el que lo hacía parecer menos culpable. Ignoró la realidad: no se quejó ni hizo preguntas cuando Eva le dio la fruta. Si los comparamos, José parece un marido muy diferente al estar bajo presión. En lugar de dejar a su esposa para que se defienda sola en medio del desastre, José trabajó en conjunto con María. Ellos se movían juntos para obedecer las órdenes de Dios y proteger a su familia.

Unos años después, tenemos otro vistazo de cómo José y María actuaron en equipo ante una situación aterradora. Habían regresado de Egipto y se habían asentado en Nazaret. Él trabajaba como carpintero, mientras que ella cuidaba a la familia que crecía. Notamos que la familia prosperaba, ya que podían viajar todos los años para la fiesta de la Pascua. En aquellos tiempos, era poco común que las familias más humildes dejaran su hogar y su negocio durante una semana para viajar y hospedarse en otro lugar. Parece que su vida ha cambiado muchísimo desde que se escaparon y se exiliaron en Egipto. Pero, en uno de esos viajes especiales, José y María experimentaron la peor pesadilla de los padres.

Terminada la fiesta, emprendieron el viaje de regreso, pero el niño Jesús se había quedado en Jerusalén, sin que sus padres se dieran cuenta. Ellos, pensando que él estaba entre el grupo de viajeros, hicieron un día de camino mientras lo buscaban entre los parientes y conocidos. Al no encontrarlo, volvieron a Jerusalén en busca de él. Al cabo de tres días lo encontraron en el Templo, sentado entre los maestros, escuchándolos y haciéndoles preguntas. Todos los que le oían se asombraban de su inteligencia y de sus respuestas. Cuando lo vieron sus padres, se quedaron admirados.

—Hijo, ¿por qué te has portado así con nosotros? —dijo su madre—. ¡Mira que tu padre y yo te hemos estado buscando angustiados!

Lucas 2:43-48

Hay muchísimo para analizar en este pasaje. Comencemos por el temor que deben haber sentido María y José. El tormento de preguntarse dónde estaba su hijo no duró unos minutos, sino varios días. Debe haber habido muchas oportunidades para echarle la culpa al otro: "¿No lo estabas mirando?". "¡No, me dijiste que tú lo mirabas!". Esos tres días deben haber estado llenos de pánico y seguramente habrán parecido mucho más que setenta y dos horas. Debe haber sido fácil ceder ante la tentación de culpar al otro. Pero mira lo que dijo María cuando encontró a Jesús: "Hijo, ¿por qué te has portado así con nosotros?".

Aquí vemos que José no era el único que trabajaba para que el matrimonio fuera una asociación verdadera. María podría haber dicho: "¿Por qué te has portado así *conmigo*?". ¿Qué madre la culparía? Habría sido algo natural, en medio de ese tipo de dolor y confusión, cuando creía que había perdido a su hijo para siempre, enfocarse solo en su aflicción. Pero María no lo hizo. Se enfocó en el *nosotros* y dio importancia al *nosotros* cuando habló a su hijo, es decir, al hijo *de los dos*. Luego, siguió hablando: "¡Mira que tu padre y yo te hemos estado buscando angustiados!". No solo expresó la unión verdadera mencionando el *nosotros* en medio de sus emociones contradictorias, sino que mencionó la angustia de José antes de la suya. Podría haber dicho: "Mira que te hemos estado buscando angustiados", pero tomó una decisión algo diferente. Hizo referencia a José como "tu padre" de manera explícita.

¿Qué nos muestra esto? Por un lado, ilustra de manera clara que María rechazaba la idea o la percepción de que Jesús era hijo de ella sola. Sí, el ángel Gabriel se le apareció a ella y le dijo que Dios le había concedido su favor y es cierto que el nacimiento de Jesús y toda la historia del cristianismo presenta la asignación celestial de María. Pero Jesús también tenía un padre terrenal y real que lo amaba, se sacrificaba y trabajaba para ayudar en su crianza. Incluso cuando Jesús se sentó entre los maestros y los ancianos del Templo para empaparse de su sabiduría y exponerse como uno de ellos, María no quería que Jesús olvidara a su otro padre. José lo había protegido y mantenido a salvo durante todos esos años. María se detuvo para pensar cómo se sentía José mientras los acechaba el pánico. Gracias a las palabras que escogió, "tu padre y yo", su familia se unió aún más en un momento crítico.

En el matrimonio de María y José, vemos lecciones hermosas sobre cómo enfrentar la angustia y la tragedia. Su respaldo por el otro era inquebrantable, tanto en Belén como en Jerusalén. Vemos cómo eligieron no culparse ni ponerse a sí mismos en primer lugar. En cambio, escuchaban a Dios juntos. Se convirtieron en un *nosotros* inseparable.

Soledad y viudez

En la Biblia, no hay muchos detalles sobre lo que ocurrió con la pareja de María y José en la adultez. Tenemos una pista en el Evangelio de Juan cuando Jesús, en agonía y colgado de la cruz, le pide al apóstol Juan cuidar de su madre:

> Junto a la cruz de Jesús estaban su madre, la hermana de su madre, María, la esposa de Cleofas, y María Magdalena. Cuando Jesús vio a su madre y al discípulo a quien él amaba a su lado, dijo a su madre:
> —Mujer, ahí tienes a tu hijo.
> Luego dijo al discípulo:
> —Ahí tienes a tu madre.
> Y desde aquel momento ese discípulo la recibió en su casa.
> Juan 19:25-27

Si José hubiera estado vivo, Jesús no le habría pedido a otra persona que cuidara de María. Parece que José ya había muerto cuando Jesús entregó su vida terrenal en la cruz. Es probable que José haya muerto antes de que Jesús comenzara su ministerio público, ya que en varias oportunidades su madre viajó con Jesús y sus discípulos y parece inverosímil que María dejara a su marido solo. ¿Habrá sido la muerte de José un catalizador para el comienzo del ministerio de Jesús en la Tierra? Las Escrituras no lo dicen. Todo lo que sabemos es que, al final, María estaba sola de nuevo. Es interesante observar que, en algún momento, Dios pudo haber confiado su mayor tesoro, su Hijo, al cuidado de una madre sola. Sé cuán habilidosas y fieles pueden ser las madres solas, gracias a la tenacidad y humildad que demostró mi madre durante el período en el que me crio sin ayuda.

La gran mayoría de las parejas enfrentan el tipo de separación que enfrentaron María y José: me refiero a cuando un cónyuge fallece antes que el otro. Del mismo modo en que

María y José nos mostraron cómo transitar el camino del dolor, los desafíos y las dificultades en el matrimonio —encontrando nuevas maneras de forjar la unidad en el proceso—, María también fue un modelo en la viudez. No solo estuvo presente en el momento más horrible que cualquiera podría imaginar, la pérdida de su hijo, sino que también estuvo presente en el corazón de la iglesia primitiva, incluso cuando los primeros creyentes recibían amenazas contra su vida. En Hechos 1, vemos que está con los apóstoles después de la muerte y la resurrección de Jesús.

> Todos, en un mismo espíritu, se dedicaban a la oración, junto con las mujeres, y con los hermanos de Jesús y su madre María.
> Hechos 1:14

Mi suegra, Jouetta, también actuó de esta manera cuando, después de la crianza de seis hijos y la jubilación de su esposo, lo perdió de repente. Nunca la vi regodeándose en la autocompasión. En cambio, fui testigo de cómo cuidó a su familia y a quienes estaban en necesidad. Se mantuvo fuerte en la fe, sirvió con gozo en la iglesia, viajó y se enfocó siempre en las bendiciones de la vida. Como era una viuda con una fe profunda, descansaba en la seguridad de que Jesús ya había vencido a la muerte y había preparado un camino para que pasemos la eternidad en el cielo con Él. Sabía que su esposo la estaría esperando cuando llegara su hora. Aunque puede causar un dolor desgarrador, la muerte no es el final de la historia en la vida de un creyente. Como ocurrió con María y Jouetta, el dolor se calma con la paz de saber lo que vendrá.

Oración: Amado Dios, recuérdanos las hermosas lecciones que vemos en el matrimonio de María y José. Ayúdanos a quienes estamos casados o queremos estarlo a encontrar el "nosotros" en medio de todos los desafíos que enfrentamos. Muéstranos cómo morir al yo y cómo actuar como un equipo comprometido con el cuidado y el aprecio por el otro. Consuélanos en nuestra soledad y cuando estamos separados.

Ester y Asuero

El matrimonio con un monarca

Los conceptos del romance y el amor de hoy en día están muy alejados de lo que vemos en la Biblia. Por un lado, muchos consideran que el diseño original de Dios retratado en los primeros capítulos de Génesis es poco realista o anticuado. Por otro lado, en la Biblia vemos muchísimos ejemplos de relaciones con defectos que Dios no quisiera que copiáramos: el concubinato, los casamientos con sus hermanas y las mujeres con poca o ninguna autonomía. En el mundo antiguo, esa era la regla, que estaba totalmente desfasada de la relación amorosa creada para Adán y Eva en el jardín del Edén.

El matrimonio, tal como Dios lo concibió en Génesis, requiere entrega mutua y unión radical. La Biblia está llena de historias de hombres y mujeres reales que, como nosotros, intentaron torpemente vivir a la altura del llamado de Dios. Abraham y Sara, Isaac y Rebeca, Jacob y sus esposas: la Biblia nos da muchos ejemplos de matrimonios en los que un cónyuge (o ambos) lucha con el egoísmo, el orgullo, la manipulación o, incluso, la traición. No importa cuán desastroso sea el resultado, siempre hay algo para aprender. Dios siempre está obrando, incluso cuando nosotros no cumplimos las expectativas. ¡Eso me parece muy reconfortante!

Lo que me encanta acerca de muchas de las narraciones de mujeres en la Biblia es que Dios las valora una y otra vez, a pesar de sus circunstancias y relaciones complicadas. Él resalta su fidelidad, reconoce su pena, oye su clamor, las redime y las celebra. Como vimos en la creación de Eva, desde el comienzo, Dios tiene claro que las mujeres son compañeras valiosas y esenciales para el hombre, no meros accesorios. En contraposición al mundo moderno, que a veces pone a un sexo en contra del otro, la Biblia ofrece una visión de sexos interdependientes. Nos necesitamos el uno al otro.

Es muy importante recordar todo esto en la historia del rey Asuero y Ester. A pesar de muchos esfuerzos por reducir la historia a una comedia romántica occidental, no se trata de eso. No es tan solo un concurso de belleza, sino la obra divina de Dios en un matrimonio imperfecto. Muchas mujeres devotas están casadas con hombres que no comparten su fe. Pueden estar en esa situación por distintos motivos, pero esto no significa que Dios no pueda obrar en su matrimonio. No cabe duda de que una mujer de fe puede cambiar el curso de la historia, ya sea que esté casada con un líder espiritual o no. Dios usó la devoción de Ester hacia su pueblo, el pueblo de Dios, para cambiar el corazón de un rey con el poder terrenal para influir en la historia.

Todo esto sucedió a pesar de que Asuero desconocía que Dios obraba a través de él. Como ya verás, Asuero era orgulloso e impulsivo y no parecía valorar a las mujeres como seres humanos, al menos cuando lo vemos por primera vez. Lo importante es que su esposa, Ester, tenía fe y discernimiento. También era sensible y valiente. A lo largo de su historia, vemos cómo crece la admiración de Asuero por Ester y su gozo por concederle el deseo más profundo en un momento de gran necesidad. Eran dos personas imperfectas, pero Dios había escrito su historia y usó lo que cada uno de ellos tenía para cumplir su propósito divino.

Tiene sentido que, al leer el libro de Ester, el foco esté puesto en ella porque ella es la estrella. Pero en el centro del libro hay un matrimonio que surgió de una manera que probablemente sería difícil de imaginar en la sociedad moderna, hasta la aparición de los programas de telerrealidad. La unión de Asuero y Ester, independientemente de la manera en que comenzó, está llena de sabiduría y verdades sobre cómo Dios puede usar el matrimonio para su gloria y sus propósitos.

Un comienzo inusual

La primera vez que vemos a Asuero, lo vemos como la personificación de un monarca caprichoso y tirano. En el primer capítulo de Ester, ordena a su esposa, la reina Vasti, que rompa el protocolo real. Pero primero veamos un poco sobre el contexto. Después de haber presumido su fortuna durante seis meses, Asuero ofreció un festín de siete días para todo el mundo. La costumbre en la corte persa era que todos los súbditos del rey debían beber cuando este bebía. Imagínatelo: en vez de pasar un buen rato en la fiesta, debes mirar constantemente al rey para ver si puedes dar un sorbo. ¡No parece muy divertido! Pero Asuero cambió esta costumbre y dijo que todos los invitados "podían beber cuanto quisieran" (Ester 1:8). Eso nos hace pensar en una persona generosa que quería que las demás personas se relajaran y disfrutaran, pero la palabra en hebreo en ese versículo hace referencia únicamente a los invitados masculinos. Los hombres la pasaban bien, mientras que Vasti tenía su propio banquete real para las mujeres en el palacio.

Entonces, Asuero había pasado varios meses presumiendo su riqueza y estaba cerca el fin de los siete días de comer y be- ·ber sin parar. Ester 1:10 dice que "a causa del vino el rey Asue- ro estaba muy alegre", de manera que ordenó que llevaran a su presencia a la reina Vasti. Asuero quería que la reina llevara la corona real "a fin de exhibir su belleza ante los pueblos y sus nobles, pues realmente era muy hermosa" (Ester 1:11). Había presumido todos los tesoros de su reino y, para Asuero, Vas- ti era precisamente eso: otra de las hermosas posesiones que podía usar para impresionar a los demás. Sin embargo, ella se negó a ir. Debido a las costumbres y las restricciones de esa época, esto me deja estupefacta, ¡y así también estaba el rey! De hecho, estaba realmente enojado. Leemos que esto "con- trarió mucho al rey y se enfureció" (Ester 1:12).

Ya puedes intuir que esto no terminará bien para Vasti. Ella no tenía poder real y su negativa a cumplir la orden del rey se consideraba una de las cosas más atroces e irrespetuosas que podría haber hecho. ¿Y encima delante de todos los hom- bres? Era como darle una bofetada a Asuero. Por supuesto que estaba furioso. Como era el rey, Asuero podría haber hecho cualquier cosa en esta situación, pero pidió el consejo de los "sabios" de su corte para que lo ayudaran a preparar una res- puesta adecuada, y ellos no se contuvieron. La negativa públi- ca a seguir una orden del rey tendría repercusiones más allá de Vasti. Uno de los nobles aconsejó al rey:

El día en que las mujeres de la nobleza de Persia y de Me- dia se enteren de la conducta de la reina, responderán de la misma manera a todos los nobles de Su Majestad. ¡Enton- ces no habrá fin al desprecio y a la discordia! Por lo tanto, si le parece bien a Su Majestad, emita un decreto real, el cual se inscribirá con carácter irrevocable en las leyes de Persia

y Media: que Vasti nunca vuelva a presentarse ante Su Majestad y que el título de reina se lo otorgue a otra mejor que ella. Así, cuando el edicto real se dé a conocer por todo su inmenso reino, todas las mujeres respetarán a sus esposos, desde los más importantes hasta los menos importantes.
Ester 1:18-20

Hay más de una pizca de pánico e inseguridad en la representación del caos que supuestamente se desencadenaría a partir de la desobediencia de Vasti. *Escucha, Asuero, ella te avergonzó y ahora nos pasará lo mismo a nosotros si no la pones como ejemplo de inmediato.* Apelaron al orgullo de Asuero y también buscaron sus intereses egoístas para asegurarse de que no enfrentarían el mismo dilema. La reina fue desterrada.

La paranoia, el enojo y la falta de confianza no eran un buen presagio para su siguiente esposa. Ahora, el intento de Asuero por encontrar a la próxima reina no consistía en hallar una coincidencia intelectual ni una pareja equitativa, sino que hizo una especie de competencia nupcial en todo el reino. Puede parecer interesante, pero cuanto más leemos al respecto más se parece al peor programa de televisión de la historia (creo que eso lo dice todo). Es poco probable que las mujeres de Persia, incluida Ester, tuvieran algo para decir sobre este juego. En cambio, los sabios del rey sí que tenían un plan.

Que nombre el rey para cada provincia de su reino delegados que reúnan a todas esas jóvenes hermosas en el harén de la ciudad de Susa. Que sean puestas bajo el cuidado de Jegay, el eunuco encargado de las mujeres del rey, y que se les dé un tratamiento de belleza.
Ester 2:3

Entonces, los delegados del rey recorrieron todo el reino para encontrar mujeres hermosas y llevarlas al palacio, de modo que se unieran al harén y les hicieran tratamientos de belleza. Luego, el rey elegiría a una de ellas. Entendido.

Ester "tenía una figura atractiva y era muy hermosa" (Ester 2:7), así que no cabía duda de que estaría entre aquellas que *fueron llevadas* al palacio (v. 8). Como Ester era huérfana, su primo Mardoqueo la había criado. Él le advirtió que no debía revelar sus antepasados judíos ni el trasfondo de su familia al llegar allí. Jegay enseguida la favorece, ya que le da los mejores tratamientos, siete doncellas y el mejor lugar del harén. Mardoqueo solo podía mirar desde lejos, pero caminaba por el patio en que vivía Ester para ver cómo estaba. La Biblia deja en claro que Ester estaba en su mejor momento. El versículo 15 nos dice que "ella se había ganado la simpatía de todo el que la veía", pero el único que verdaderamente importaba era Asuero, quien quedó completamente cautivado por ella.

Al rey le gustó Ester más que todas las demás mujeres, y ella se ganó su aprobación y simpatía más que todas las otras vírgenes. Así que él le ciñó la corona real y la proclamó reina en lugar de Vasti. Luego el rey ofreció un gran banquete en honor de Ester para todos sus nobles y oficiales. Declaró un día de fiesta en todas las provincias y distribuyó regalos con generosidad digna de un rey.
Ester 2:17-18

¡Eso sí que fue rápido! No hubo tiempo para que los jueces deliberaran ni para nombrar otras finalistas. A Asuero le gustó lo que vio. La versión Reina Valera dice que Asuero la "amó". No importa cuál fue la conexión; él había encontrado a la ganadora y la joven judía y huérfana ahora era la reina de Persia.

Ester ganó el premio, pero ¿habrá percibido esto como una victoria? En ningún momento Asuero (ni ninguna otra persona) le preguntó cuál era su opinión ni pensó en qué le gustaría a ella. Aunque seguramente no fue una sorpresa, dada la manera en que había tratado a Vasti, el comportamiento egoísta de Asuero puede haber hecho que Ester se sintiera impotente y ansiosa. Sabía que su futuro dependía de las impresiones que él tenía de ella y de que él la viera con buenos ojos. Al igual que la reina Vasti, la reina Ester era una posesión más para presumir en los banquetes, un adorable adorno del palacio real. ¡Qué manera de empezar una relación!

La valentía de confiar

El libro de Ester es la historia de una joven que encuentra la valentía, y de un Dios que usa a un rey pagano para salvar a su pueblo. El Señor puede hacer cumplir su voluntad y su plan por medio de los líderes, ya sea que lo reconozcan y lo sirvan o no.

En las manos del Señor el corazón del rey es como un río:
sigue el curso que el Señor le ha trazado.
Proverbios 21:1

Él cambia los tiempos y las épocas,
pone y depone reyes.
A los sabios da sabiduría
y a los inteligentes, discernimiento.
Daniel 2:21

La capacidad de Dios para hacer las cosas no depende de los líderes humanos, y estos líderes tampoco pueden impedir sus planes. Aunque Asuero no tenía una debilidad por el pueblo judío ni por su Dios, sin duda la tenía por su nueva reina, una mujer que había "llegado al trono para un momento como este" (Ester 4:14).

A Ester le dieron un alojamiento lujoso y cómodo en el palacio, pero quizás fue una experiencia solitaria y alienante para ella. Como era una joven judía, cuyo nombre original era Jadasá, jamás podría haberse imaginado que estaría en los escalones más altos del poder del Imperio persa. Vemos que usaba su nombre persa, lo que quiere decir que estaba acostumbrada a mimetizarse, pero nunca antes en una situación de tanto riesgo. Todo dependía de que se comportara según las costumbres de la cultura persa en la que vivía y se ganara el favor de los traicioneros cortesanos del palacio. No podía darse el lujo de ser judía frente a los persas que la rodeaban, ni siquiera frente a su propio esposo.

Ester confiaba en la sabiduría y la guía de Mardoqueo, quien también estaba por dar un paso de valentía. Con Ester encerrada en el palacio, Mardoqueo se mantenía tan cerca de ella como era posible. En una oportunidad, sentado junto a la puerta del rey, Mardoqueo escuchó a dos eunucos del monarca enojados que conspiraban para matarlo. Mardoqueo le informó a Ester, quien a su vez se lo hizo saber a Asuero y le dio el crédito a Mardoqueo. Los dos eunucos fueron ahorcados y todo quedó anotado en los registros reales. El rey descubriría esta buena obra mucho tiempo después.

Como los dos hombres quedaron fuera de escena, Asuero promovió a Amán para que sirviera por encima de todos los príncipes y nobles. Amán era un descendiente del hombre que alguna vez fue el rey de uno de los enemigos más violentos de Israel: los amalecitas. Mientras que todos se postraban ante Amán, Mardoqueo se negaba a hacerlo y eso lo enfurecía.

Esa ira fue el inicio del complot de Amán para aniquilar al pueblo judío del Imperio persa. Amán fue ante el rey con un argumento sólido y cuidado en contra del pueblo judío, y salió de allí con el derecho a redactar un decreto real para aniquilarlo. Amán no quería tan solo castigar a Mardoqueo, sino destruir a los judíos. Y, gracias al plan divino de Dios, una persona del pueblo judío ya había capturado el corazón del rey.

No sabemos mucho sobre cómo se desarrolló la relación de Ester y Asuero, pero sabemos que ella seguía subordinada a él. Iba ante el rey cuando él la llamaba; si no, merodeaba por el palacio mientras esperaba su llamado. Ir ante él sin ser llamada era impensable e ilegal, y podría costarle la vida. Por eso es entendible que, cuando Mardoqueo le contó sobre el complot asesino de Amán, ella haya dudado si debía ir ante Asuero.

> Todos los servidores del rey y el pueblo de las provincias del reino saben que para cualquier hombre o mujer que, sin ser invitado por el rey, se acerque a él en el patio interior, hay una sola ley: la pena de muerte. La única excepción es que el rey, extendiendo su cetro de oro, le perdone la vida. En cuanto a mí [Ester], hace ya treinta días que el rey no me ha pedido presentarme ante él.
> Ester 4:11

Mardoqueo sabía el riesgo, pero no por ello midió sus palabras:

> No te imagines que por estar en la casa del rey serás la única que escape con vida de entre todos los judíos. Si ahora te quedas absolutamente callada, de otra parte vendrán el alivio y la liberación para los judíos, pero tú y la familia de

tu padre perecerán. ¡Quién sabe si precisamente has llegado al trono para un momento como este!
Ester 4:13b-14

En ese momento, Ester pide a todos los judíos que ayu-
nen con ella por tres días mientras se preparaba para ir ante
el rey, sabiendo que eso podía traer aparejada su ejecución.

Hagamos una pausa para pensar en cuán rara era esta
relación. Ester era reina, pero no había hecho nada para ser-
lo. Había sido llevada ante el rey para participar en un retorci-
do concurso en el que su encanto y su belleza conquistaron a
todos. Asuero estaba loco por Ester, pero no tenían un matrimonio como esperamos o deseamos hoy en día, es decir, con
amor, respeto y compañía. Sin embargo, en ningún momento
vemos a Ester resentirse ni intentar escapar de su rol. Es fiel
en seguir el sabio consejo de Mardoqueo y cumple su deber.
No tenemos manera de averiguar si se había enamorado del
rey a esta altura.

En este contexto, Ester se armó de valor para comparecer
ante el rey y tomar la iniciativa. Esta ofensa era tan grave como
la de la reina Vasti. A la reina anterior le habían quitado el título porque se equivocó al creer que ella, y no el rey, podía deci-
dir cuándo ir y venir. La jugada atrevida de Ester de acercarse
al rey podría interpretarse como una irrespetuosa muestra
de independencia. Pero había una diferencia: el riesgo no era
el divorcio ni el destierro que sufrió Vasti; el riesgo para Ester
era la muerte. No desobedecía a un llamado, sino que inven-
taba un llamado. Todo esto era muy preocupante porque, a
último momento, Asuero había sido guiado por sus consejeros y la misión de Ester era atacar al segundo al mando: Amán.

Aun así, lo hizo. Ester se puso sus vestiduras reales
y se paró en el patio del rey a esperar la oportunidad para

comparecer ante su esposo. La Biblia nos dice que cuando "vio a la reina Ester de pie en el patio, se mostró complacido con ella y le extendió el cetro de oro que tenía en la mano" (Ester 5:2a). En lugar de ordenar la ejecución, o siquiera reprenderla, parece que el rey se alegró al ver a Ester. No cabe duda de que Dios tuvo en cuenta el ayuno y la preparación de su pueblo para respaldarla mientras arriesgaba su vida por la de ellos.

El hecho de que Ester se presentara ante el rey sin invitación demuestra que confiaba en que él le perdonaría la vida. Sabemos, porque a esta altura sabemos más sobre Ester que su propio esposo, que la fuente de su confianza era Dios y el cuidado de Dios por su pueblo. Pero Asuero no lo sabía. Quizás pensó que se trataba de un acto de confianza hacia *él* y que Ester apelaba a su amor y misericordia. Esta vez no se detuvo a hablar con sus consejeros. Le respondió de inmediato, y podemos ver un poquito de una conversación real entre un hombre y su esposa:

> El rey preguntó:
> —¿Qué te pasa, reina Ester? ¿Cuál es tu petición? ¡Aun cuando fuera la mitad del reino, te lo concedería!
> —Si le parece bien a Su Majestad —respondió Ester—, venga hoy al banquete que ofrezco en su honor y traiga también a Amán.
> Ester 5:3-4

La frase "si le parece bien a Su Majestad" me recuerda a una de las primeras cosas que aprendí cuando estudiaba derecho. Imitábamos el escenario de un tribunal y sabíamos de memoria que, cuando nos dirigíamos al juez o a los jueces, lo primero que debíamos decir antes de empezar con los alegatos era "Si le parece bien al tribunal". Esto indica deferencia absoluta hacia quienes decidirán el destino del cliente. Ester fue sabia al usar la diplomacia con el rey. Habiendo escapado del destierro inmediato o la muerte, apeló diplomáticamente al hombre que estaba por dictar una sentencia de muerte para millones de personas.

Funcionó de maravilla.

—Vayan de inmediato por Amán, para que podamos cumplir con el deseo de Ester —ordenó el rey.
Ester 5:5a

El rey no estaba irritado ni enojado con su querida reina, ni por asomo. Quería darle a su esposa lo que ella desease, hasta la mitad de su reino. Parece casi imposible pensar que una mujer judía, modesta y huérfana, pudiera recibir la mitad del Imperio persa. ¿Estaba hablando en serio el rey o era un intento por impresionarla? De cualquier modo, Ester había hallado el favor de un hombre que no tenía la menor idea de con quién se había casado.

Esta fue una demostración extraordinaria y fenomenal de fe en Ester. Y no fue tan solo una demostración de fe, sino también una exaltación. Asuero le ofreció la mitad de su reino a su esposa; podría decirse que eso los igualaría. En este momento, pareciera que Ester no solo le "agradaba" o "gustaba" a Asuero. Este ofrecimiento extraordinario era el gesto de un hombre que quería demostrarle a Ester que estaba a salvo y que era estimada, pero también de un hombre que quería que ella pensara bien de *él*. Partimos de un rey que creía que una mujer era una posesión, y llegamos a un rey que ofrece sus posesiones más preciadas a una mujer que valora.

Qué cambio interesante respecto del Asuero que vimos al comienzo de la historia, cuando insistía para que Vasti se apurara y cumpliera sus órdenes. Vemos que hace lo contrario con Ester, ya que actúa como su benefactor e intenta cumplir su pedido lo antes posible.

¿Qué podría explicar este cambio de actitud de Asuero? ¿Se trataba de amor real? Debemos tener cuidado cuando hablamos sobre el amor romántico en el contexto de la Biblia. Muchos aspectos de la cultura del romance que hoy nos parecen naturales, como los corazones y las flores, eran muy extraños para las personas del mundo antiguo. Pero no por eso debemos suponer que no hay romance en la Biblia. ¿Recuerdas el amor a primera vista de Jacob y Raquel? ¿Y qué hay de cuando Isaac se enamoró de Rebeca? No sabemos cómo fue el núcleo de la atracción de Asuero por Ester con el pasar el tiempo, pero sabemos que se comportó como un hombre ante ella.

Cuando llegaron al banquete, Asuero debió sentirse confundido por su hermosa esposa. A veces imagino cómo se habrá sentido Ester al saber todo lo que estaba en juego. ¿Se le habrá acelerado el corazón mientras buscaba el momento correcto y las palabras justas para acusar al consejero más favorecido del rey?

Cuando estaban brindando, el rey volvió a preguntarle a Ester:

—Dime qué deseas, y te lo concederé. ¿Cuál es tu petición? ¡Aun cuando fuera la mitad del reino, te lo concedería!

Ester respondió:

—Mi deseo y petición es que, si me he ganado el favor de Su Majestad, si le agrada cumplir mi deseo y conceder mi petición, venga Su Majestad mañana con Amán al banquete que les voy a ofrecer y entonces le daré la respuesta.

Ester 5:6-8

Aunque Ester había pasado todo su tiempo como reina evitando disgustar al rey, intentó ganar tiempo. Lo pospuso para la noche siguiente y les pidió al rey y a Amán que volvieran para otro banquete. Ester sabía que lo que iba a contar era como una bomba.

Le pediría a su esposo que creyera que Amán era tan cruel como para planear el genocidio de miles de personas. Le pediría al rey que la eligiera a ella sobre Amán. ¿Habrá dudado para ver si Asuero se ponía a disposición de ella otra noche? ¿Hasta cuándo duraría su benevolencia? ¿Podía confiar en él?

Por cierto, Amán salió del primer banquete tan contento que, al ver que Marqueo otra vez se negaba a arrodillarse ante él, fue a su hogar e ideó un plan para pedirle al rey el permiso para matarlo. Amán se jactó de la confianza que el rey tenía en él y de cómo Ester lo invitaba una y otra vez a estos banquetes exclusivos. Luego, agregó:

> Pero todo esto no significa nada para mí, mientras vea a ese judío Mardoqueo sentado a la puerta del rey.
> Ester 5:13

Era tan arrogante y egocéntrico que, si no eliminaba a la única persona que no se postraba ante él, no podía disfrutar la lujosa vida de prestigio que tenía. Esto lo llevaría a su caída, porque Dios obraría a través de Ester y su matrimonio con un rey pagano.

Protección y lealtad

En el tercer encuentro que vemos entre Asuero y Ester, la reina finalmente le cuenta su verdad. Sin embargo, algo que ocurrió entre el primer y el segundo banquete puede darnos una pista de la evolución de Asuero como hombre y como líder. Cuando le recuerdan al rey que Mardoqueo había sido una pieza clave para salvarlo de un intento de asesinato, pero no había recibido una recompensa por su heroísmo, Asuero decide remediar el asunto. Asuero decretó (irónicamente, ante la sugerencia de Amán, que creía que estos honores serían para él) que a Mardoqueo lo pasearan por la ciudad sobre un caballo real vestido con vestiduras reales, y que proclamaran que las personas debían honrarlo.

En ese momento, el rey no tenía la menor idea de la estrecha relación familiar entre su reina y Mardoqueo. El hombre había alzado la voz para rescatar al rey hacía mucho tiempo y nunca se había quejado ni había preguntado por qué el rey no lo había honrado. Asuero no intentaba impresionar a Mardoqueo ni ganárselo. La Biblia nos dice que el rey simplemente "deseaba honrarlo" porque le había salvado la vida (Ester 6:6). ¿Había madurado Asuero al punto de ser motivado por la gracia y la integridad en vez de los impulsos y el egoísmo? Ester estaba a punto de averiguarlo.

En el segundo banquete con Amán, una vez más el rey aseguró a su reina que quería cumplir sus deseos y le ofreció de nuevo la mitad de su reino. Lo había consultado con la almohada y el ofrecimiento seguía sobre la mesa. Pero Ester no quería sus riquezas; necesitaba algo mucho más valioso: el poder de su decreto real. Exponer su verdadera identidad y acusar a la mano derecha del rey debe haber demandado mucha valentía.

Ester respondió:

—Si me he ganado el favor de Su Majestad, y si le parece bien, mi deseo es que me conceda la vida. Mi petición es que se compadezca de mi pueblo. Porque a mí y a mi pueblo se nos ha vendido para exterminio, muerte y aniquilación.

Si solo se nos hubiera vendido como esclavos, yo me habría quedado callada, pues tal angustia no sería motivo suficiente para inquietar a Su Majestad.

El rey preguntó:

—¿Y quién es ese que se ha atrevido a concebir semejante barbaridad? ¿Dónde está?

—¡El adversario y enemigo es este miserable de Amán! —respondió Ester.

Amán quedó aterrorizado ante el rey y la reina. El rey se levantó enfurecido, dejó de beber y salió al jardín del palacio. Pero Amán, dándose cuenta de que el rey ya había decidido su fin, se quedó para implorarle a la reina Ester que le perdonara la vida.

Ester 7:3-7

Incluso en este pedido de vida o muerte, Ester fue sabia y demostró humildad. *Si tan solo se nos hubiera vendido como esclavos, no me hubiera atrevido a molestarte.* Y luego dio el golpe en el estómago: es Amán. El rey, su esposo, estaba tan enojado por la amenaza hacia su esposa que salió enfurecido. Amán sabía que se le acercaba el fin.

Para intentar salvarse, Amán dio un último paso en falso, que sería mortal.

Cuando el rey volvió del jardín del palacio a la sala del banquete, Amán estaba inclinado sobre el sofá donde Ester estaba recostada. Al ver esto, el rey exclamó:

—¡Y todavía se atreve este a violar a la reina en mi presencia y en mi casa!

Tan pronto como el rey pronunció estas palabras, cubrieron el rostro de Amán. Y Jarboná, uno de los eunucos que atendían al rey, dijo:

—Hay una horca de cincuenta codos de altura, junto a la casa de Amán. Él mandó colocarla para Mardoqueo, el que intervino en favor del rey.

—¡Cuélguenlo en ella! —ordenó el rey.

De modo que colgaron a Amán en la horca que él había mandado levantar para Mardoqueo. Con eso se aplacó la furia del rey.

Ester 7:8-10

Ester no se había equivocado al confiar en su marido de la realeza; él no la defraudó. Asuero ni siquiera se preguntó si ella decía la verdad y no dudó ni un segundo. Un ataque contra la esposa del rey era un ataque contra el rey mismo, debía considerarse un acto de traición y merecía toda la furia del rey.

Una familia nueva

Ahora, Asuero debía conocer el resto de la historia. El mismo día en que Amán fue colgado, Ester le contó al rey la verdad acerca de Mardoqueo y los presentó. ¡El hombre que le había salvado la vida al rey estaba emparentado con él por medio de su matrimonio!

Ese mismo día el rey Asuero dio a la reina Ester las propiedades de Amán, el enemigo de los judíos. Mardoqueo se presentó ante el rey, porque Ester le había dicho cuál era su parentesco con ella. El rey se quitó el anillo con su sello, el cual había recuperado de Amán, y se lo obsequió a Mardoqueo. Ester, por su parte, lo designó administrador de las propiedades de Amán.

Ester 8:1-2

Por supuesto que Ester no quería los tesoros terrenales de Amán, sino que se anulara el decreto que ordenaba la matanza de todos los judíos en el Imperio persa. Pero, como explicó el rey, había un gran problema: "Un documento escrito en mi nombre y sellado con mi anillo es imposible de revocar" (Ester 8:8). Eso significaba que la sentencia de muerte de los judíos no podía anularse tan fácilmente.

Una vez más, Ester demostró humildad cuando se acercó a su esposo en representación de su pueblo, tal como Dios le había indicado.

—Si me he ganado el favor de Su Majestad, y si piensa que es correcto hacerlo y está contento conmigo, dígnese dar una contraorden que invalide los decretos para aniquilar a los judíos que están en todas las provincias del reino, los cuales fraguó y escribió Amán, hijo de Hamedata, el agagueo. Porque ¿cómo podría yo ver la calamidad que se cierne sobre mi pueblo? ¿Cómo podría ver impasible el exterminio de mi gente?

Ester 8:5-6

El rey no solo cumplió el pedido de su esposa, sino que les dio a Mardoqueo y a Ester la autoridad para redactar el nuevo decreto y el derecho para sellarlo con el anillo del rey, que había sido confiado a Mardoqueo.

El nuevo decreto, que facultaba a los judíos a reunirse y defenderse, se redactó en varios idiomas y se envió a los confines del Imperio en veloces corceles de las caballerizas reales. El documento también facultaba a los judíos a "apoderarse de los bienes de sus enemigos" (Ester 8:11). La Biblia nos cuenta lo que sucedió a continuación: había regocijo y banquetes y "muchas personas de otros pueblos se hicieron judíos" (Ester 8:17).

El rey Asuero que vemos al final del libro de Ester contrasta muchísimo con el hombre impulsivo y malvado que vimos al principio. No podemos saber con certeza qué le ocurrió en la mente o el corazón, pero sabemos que respetaba enormemente a Ester y Mardoqueo. Ester no tenía poder de decisión cuando entró al mundo de Asuero, pero permaneció fiel al consejo de Mardoqueo y reunió el valor para luchar a favor de su pueblo con gracia y valentía.

Asuero se convirtió en un defensor del pueblo judío. No solo había ganado a una esposa honorable, sino que Mardoqueo había demostrado ser un hombre de carácter intachable. Si bien Ester estaba muy agradecida por la protección y la dedicación de Asuero hacia su causa, no sabemos si realmente estaba enamorada de él. Aunque a menudo esta historia se relata como un cuento de hadas, lo que este matrimonio generó fue muy diferente y muchísimo más importante.

En conclusión, no es necesario que nuestra relación ni nuestro cónyuge sean perfectos para que Dios obre a través de ellos. Es probable que no podamos vernos reflejados en la relación entre Ester y Asuero, pero su historia es una hermosa descripción de lo que Dios puede hacer cuando somos humildes y nos rendimos a su voluntad, incluso en medio de circunstancias inusuales.

Oración: Padre celestial, ayúdanos a ver que siempre estás obrando en nuestras circunstancias y nuestra vida, incluso cuando las situaciones no son las que esperábamos ni aquellas por las cuales oramos. Que encontremos el valor para alzar la voz cuando estemos en un momento difícil. Danos el discernimiento para presentar nuestros argumentos con sabiduría y humildad y para confiar que Tú nos darás la salida.

Rut y Booz

Segundas oportunidades

Hay momentos en los que ocurre lo inimaginable y nos deja tambaleando. Después de una tragedia, por naturaleza humana se suscitan innumerables preguntas. *¿Cómo haré para recuperarme de esto? ¿Cómo sobreviviré? ¿Por qué permitiría Dios esto? ¿Podrá salir algo bueno de esta pesadilla?* Durante los tres años de la pandemia, muchos de nosotros nos hemos hecho estas preguntas una y otra vez. En nuestra familia hemos perdido a seres queridos, así como tantos que leen estas palabras. Corazones rotos. Sueños destruidos. En medio de la niebla de esos días oscuros, a menudo mirábamos alrededor y pensábamos que la vida nunca más sería tranquila. Al parecer, no había muchas salidas del valle de pérdida y perturbación. Algunos de ustedes quizás sigan en ese lugar; oro que la historia de Rut y Booz les infunda una dosis importante de fe.

La historia de Rut y Booz tiene todo lo necesario para ser un éxito de taquilla: desamor, complicaciones, fe, esperanza y redención. Si añadimos algunos giros inesperados a la historia, constituye un ejemplo hermoso del plan maestro de Dios.

No solo es el Dios de las segundas oportunidades en nuestra vida espiritual, sino también en nuestra vida terrenal. La historia de Rut y Booz no fue como la de las típicas parejas que vemos en la Biblia. No eran una joven pareja con un matrimonio arreglado y diseñado para beneficiar a las familias, sino que Dios fue su casamentero y los unió después de haber experimentado el dolor y la pérdida. Todos conocemos a alguien que ha sufrido la pérdida de su cónyuge, ya sea debido a la viudez o al divorcio. O puede que tú estés atravesando esa situación ahora mismo. Ese es el punto en el que encontramos a Rut.

La historia de Rut abarca el primer capítulo del libro. Rut era de Moab, un antiguo reino que estaba en frente de la tierra de Israel, al otro lado del Mar Muerto, donde hoy queda Jordania. Se casó con un joven de Israel que había emigrado a Moab durante una hambruna junto con sus padres y su hermano. Un tiempo antes del casamiento, falleció el suegro de Rut, Elimélec. Por lo tanto, la suegra de Rut, Noemí, quedó viuda, pero tenía dos hijos que podían continuar con el apellido y cuidarla. El otro hijo de Noemí se casó con una mujer llamada Orfa. Lamentablemente, Noemí perdió a sus dos hijos. Quedó un trío de mujeres sin protectores ni proveedores. En *Las madres e hijas de la Biblia nos hablan* y *Las mujeres de la Biblia nos hablan* escribí acerca de la devastación absoluta que significaba la muerte de los hombres para estas mujeres. Esto las dejaba en una posición física y económica extremadamente vulnerable.

En ese contexto, Noemí recibió una buena noticia: las condiciones de su tierra natal habían mejorado. Decidió regresar a Belén y les rogó a sus nueras que comenzaran una vida nueva con nuevos maridos y familias. A esta altura, Noemí estaba profundamente quebrantada. Huyó de la tierra en que había nacido por una hambruna, algo que a menudo se consideraba una señal del juicio de Dios. En medio de las pérdidas, Noemí había empezado a creer que Dios obraba en contra de ella. Les dijo a sus nueras: "Mi amargura es mayor que la de ustedes; ¡la mano del Señor se ha levantado contra mí!" (Rut 1:13b). Cuando Noemí llegó a Belén, dijo a sus conocidos que Dios había permitido que la tragedia y la desgracia colmaran su vida (Rut 1:20).

No mucho tiempo después, Noemí comprendería que Dios nunca la había abandonado, pero así debe haberse sentido en medio de su aflicción. ¿Has transitado ese camino? ¿Has sentido que Dios te ha abandonado? Tengo la convicción de que Dios comprende nuestras preguntas y nuestros lamentos. Las emociones no provienen del pecado, sino de Dios. Podemos encontrarnos en lugares muy tenebrosos y desalentadores. A veces, nosotros tenemos la culpa, pero a menudo sentimos angustia cuando no tenemos responsabilidad alguna.

Esto me hace recordar al padre desesperado de Marcos 9. El ministerio de Jesús ya era público y las multitudes lo seguían y le pedían milagros. El hombre trajo a su hijo, que estaba muy atormentado por los demonios. Mira su pedido de ayuda urgente:

> Si puedes hacer algo, ten compasión de nosotros y ayúdanos.
> Jesús dijo:
> —¿Cómo que si puedo? Para el que cree, todo es posible.
> —¡Sí, creo! —exclamó de inmediato el padre del muchacho—. ¡Ayúdame en mi falta de fe!
> Marcos 9:22b-24

He hecho esa oración muchísimas veces. *Señor, no sé qué estás haciendo en esta situación, y siento mucho dolor. Ayúdame a creer cuando tenga dudas.* Dios oye y responde esas oraciones.

A pesar de la desesperanza de Noemí, su fe debe haber sido convincente porque, aunque intentó apartar a su nuera, Rut insistió para que la dejara viajar con ella y adoptó el estilo de vida de su suegra. Las emotivas palabras de compromiso de Rut se repiten hasta el día de hoy. Se comprometió a vivir donde Noemí viviera, a considerar al pueblo de Noemí como el suyo y, lo más importante, a hacer del Dios de Noemí su Dios (Rut 1:16). Rut adoptó la fe de Noemí, y Dios honró ese compromiso de varias maneras.

Las palabras de sacrificio y compromiso de Rut nos conmueven hasta el día de hoy y a menudo forman parte de las ceremonias de matrimonio. Imagina cuánto más poderosas deben haber sonado para un lector del mundo antiguo. Después de todo, esta mujer era moabita, es decir, que no solo era extranjera, sino que estaba muy alejada del pacto que Dios había hecho con Israel. De hecho, los moabitas eran enemigos tradicionales de Israel. Entonces, el hecho de que Rut hiciera estos votos a su suegra era realmente extraordinario. Sentía un amor profundo por su suegra y un deber duradero por servirla y protegerla. Quizás Rut también creía que en Belén tendría la oportunidad de empezar una nueva vida, la oportunidad para que Dios la redimiera de su dolor y sufrimiento.

Cuando le da la espalda a la seguridad de su hogar en Moab y escoge la pobreza con su suegra, no solo vemos la valentía de Rut, sino su bondad. Valentía y bondad: dos características que no solemos ver juntas ni en la Biblia ni en nuestra vida. Cuando pensamos en la valentía de un guerrero, no solemos pensar también en la bondad ni en la gentileza. Pero vemos ambas características en Rut, y Booz también las va a ver. ¡Pero todavía no!

El primer encuentro

Damos un vistazo a Booz poco tiempo antes que Rut.

> Noemí tenía por parte de su esposo un pariente que se llamaba Booz. Era un hombre rico e influyente de la familia de Elimélec.
> Rut 2:1

Se describe a Booz como "un hombre rico e influyente". Rápidamente nos enteramos de que era dueño de muchos campos y tenía segadores y capataces como empleados. En otras palabras, se ve que era rico. Pero la palabra que se usa en Rut 2:1 para describirlo significa mucho más que adinerado; por ese motivo, algunas traducciones usan frases como "un hombre importante" o "un hombre de buena posición". Se lo describe como un *ish gibor hayil*, que literalmente se traduce como hombre valeroso y poderoso. La palabra *hayil* a menudo se usa para describir a guerreros o a personas o animales que eran excepcionalmente fuertes y valientes, como los leones, los cazadores, los soldados o los líderes.

Booz era "valeroso" en su comunidad en el sentido de que era importante o poderoso, pero la palabra también sugiere la capacidad y la valentía de un guerrero. Es importante observar esto porque muestra un nexo común de valentía entre Booz y Rut; además, nos indica que estas dos personas compartían características significativas en el carácter. De hecho, más adelante, Booz usa la misma palabra en hebreo para describir a Rut (Rut 3:11).

Vemos cómo la responsabilidad y el gozo pueden entrelazarse en la vida de Booz. Cumplió la ley de Moisés meticulosamente no solo con sus palabras, sino también con sus acciones. Hizo un saludo religioso a sus trabajadores y, luego, les dijo que dejaran caer las espigas de la cosecha para los pobres y extranjeros. Booz tenía la bendición de Dios. En su tierra no había hambruna y tenía muchas riquezas. No veía eso como una invitación a vivir la vida como una fiesta, sino como invitación para bendecir a quienes lo rodeaban. Era su responsabilidad, pero también aparejaba gran gozo. Cumplía la orden de Dios a Abraham, es decir, aprovechar su condición de escogido y usarla para bendecir a las naciones (Génesis 12:1-3).

El escenario estaba preparado para el primer encuentro entre Rut y Booz:

> Y sucedió que Rut, la moabita, dijo a Noemí:
> —Permíteme ir al campo a recoger las espigas que vaya dejando alguien a quien yo le agrade.
> —Anda, hija mía —respondió su suegra.
> Rut salió y comenzó a recoger espigas en el campo, detrás de los segadores. Y dio la casualidad de que el campo donde estaba trabajando pertenecía a Booz, el pariente de Elimélec.
> Rut 2:2-3

Hagamos una pausa en la frase "Y dio la casualidad". En hebreo, esta frase dice "se tropezó con la oportunidad". ¡Qué coincidencia que Rut, que era fiel, humilde y esforzada, haya terminado en el campo de Booz! Dios siempre está obrando, incluso cuando no nos damos cuenta.

Algunos sucesos maravillosos de mi vida no tienen explicación alguna, excepto por la providencia de Dios. Unos años atrás, debía tomar una decisión empresarial entre dos postulantes. Había reducido la lista a dos personas que parecían excelentes opciones: un hombre y una mujer. Los dos tenían calificaciones y conexiones excepcionales y podían ayudarme a lograr aquello por lo que estaba trabajando. Como siempre, Sheldon y yo oramos para que Dios nos guiara en el camino correcto. En ese entonces, estaba repasando unos libros viejos ("Hola, mi nombre es Shannon y soy una acumuladora compulsiva de libros") e intentando ordenar algunas cosas. Tengo varias versiones diferentes de la Biblia y escogí una que no había usado en mis estudios por un tiempo. Dentro de la Biblia había un papel con un nombre y una dirección; había quedado allí durante una reunión que había tenido diez años atrás. Se trataba de la misma mujer con la que había hablado para la propuesta comercial en la que estaba trabajando. Estoy convencida de que el Señor me recordó esa reunión que habíamos tenido años atrás cuando las dos teníamos mucha menos experiencia e intentábamos encontrar nuestro camino profesional. Gracias a esa nota, guardada en una Biblia vieja, hemos trabajado muchos años juntas y las dos hemos cumplido objetivos profesionales que ni siquiera podríamos haber imaginado.

Ese papel gastado no fue una coincidencia y tampoco lo fue la decisión de Rut de trabajar en un campo que pertenecía a Booz.

En eso llegó Booz desde Belén y saludó a los segadores:

—¡Que el Señor esté con ustedes!

—¡Que el Señor lo bendiga! —respondieron ellos.

—¿De quién es esa joven? —preguntó Booz al capataz de sus segadores.

—Es una joven moabita que volvió de la tierra de Moab con Noemí —le contestó el capataz—. Ella me rogó que la dejara recoger espigas de entre las gavillas, detrás de los segadores. No ha dejado de trabajar desde esta mañana

que entró en el campo, hasta ahora que ha venido a descansar un rato en el cobertizo.
Rut 2:4-7

Rut, desesperada por alimento y ayuda, había ido al campo para hacer lo que hacían los más pobres: recoger los granos
que se le habían caído a los segadores y usar lo que encontra-
ba para hacer pan para ella y para Noemí.

Lo primero que hizo Booz cuando llegó al campo fue invocar el nombre del Señor, aquel Dios con el que Rut se había
comprometido. Lo que ocurrió a continuación fue la primera
conversación entre Booz y Rut. Está llena de amabilidad y generosidad. ¡Qué contexto hermoso para el comienzo de una
historia de amor!

Entonces Booz dijo a Rut:

—Escucha, hija mía. No vayas a recoger espigas a otro
campo ni te alejes de aquí. Quédate junto a mis criadas, fíjate bien en el campo donde se esté cosechando y síguelas.
Ya les ordené a los criados que no te molesten. Y, cuando
tengas sed, ve adonde están las vasijas y bebe del agua que
los criados hayan sacado.
Rut 2:8-9

¡Qué cambio radical respecto de las circunstancias en las
que se encontraban Noemí y Rut al llegar a Belén! La humildad de Rut la llevó a trabajar, habiendo aceptado la gravedad
de la situación en la que estaban con Noemí. Y eso no había
pasado desapercibido.

Cuando Rut reaccionó sorprendida y con gratitud, descubrimos que Booz sabía más acerca de Rut de lo que ella
pensaba.

—Ya me han contado —respondió Booz—, todo lo que has hecho por tu suegra desde que murió tu esposo; cómo dejaste padre y madre, y la tierra donde naciste, y viniste a vivir con un pueblo que antes no conocías. ¡Que el Señor te recompense por lo que has hecho! Que el Señor, Dios de Israel, bajo cuyas alas has venido a refugiarte, te lo pague con creces.

Rut 2:11-12

Esta viuda, que había experimentado una pérdida devastadora, estaba a punto de tener la segunda oportunidad que quizás nunca se había atrevido a imaginar, y todo esto ocurrió porque había tomado la decisión de servir a alguien en necesidad y comprometerse con los caminos de Dios.

Booz había oído hablar sobre Rut mucho tiempo antes de que se conocieran. Queda claro que lo que ella había hecho lo conmovió y que sabía todos los detalles. Posiblemente no todo lo que oyó era bueno. La sociedad del mundo antiguo tenía una mentalidad muy cerrada y pocas personas veían a los extranjeros con buenos ojos. Es probable que haya habido quejas y chismes sobre la moabita que Noemí trajo cuando regresó. Pero Booz tan solo vio a una mujer extraordinariamente valiente y bondadosa, y también sabía que Rut se había convertido al Dios de Israel.

Rut respondió a la compasión de Booz diciéndole que la manera en que él había hablado a sus sirvientes le trajo consolación (Rut 2:13b), y enseguida agregó que no se consideraba ni siquiera como una de sus criadas. ¿Habrá sido una pista de que no todo el mundo era tan bondadoso con los extranjeros como Booz? No veía a Rut como una simple extranjera. La consideraba una persona que creía en Dios y la trataba como correspondía. Al darle a Rut la condición de criada en el campo,

Booz ya había hecho una obra muy generosa. Pero estaba a punto de hacer aún más:

> A la hora de comer, Booz le dijo:
> —Ven acá. Sírvete pan y moja tu bocado en el vinagre.
> Cuando Rut se sentó con los segadores, Booz le ofreció grano tostado. Ella comió, quedó satisfecha y hasta le sobró. Después, cuando ella se levantó a recoger espigas, él dio estas órdenes a sus criados:
> —Aun cuando saque espigas de las gavillas mismas, no la hagan pasar vergüenza. Más bien, dejen caer algunas espigas de los manojos para que ella las recoja, ¡y no la reprendan!
> Así que Rut recogió espigas en el campo hasta el atardecer. Luego desgranó la cebada que había recogido, la cual pesó casi un efa.
> Rut 2:14-17

No sé por qué, pero siempre se me llenan los ojos de lágrimas cuando leo esto. Rut estaba en medio de unas circunstancias muy difíciles: era una joven viuda y una extranjera que debía trabajar en el campo para sobrevivir. Booz se aseguró de que no solo pudiera satisfacer sus necesidades inmediatas, sino que ideó un plan para que su arduo trabajo le diera mayor rendimiento del esperado.

Rut estaba contenta porque regresaba a Noemí con abundantes cosechas y podría contarle acerca de la buena fortuna que había experimentado. Noemí celebró las buenas nuevas con su nuera, quien luego reveló que el hombre que le había demostrado tanta bondad se llamaba Booz. Noemí exclamó: "¡Que el Señor lo bendiga!". Luego, agregó:

Ese hombre es nuestro pariente cercano; es uno de los parientes que nos pueden redimir.
Rut 2:20b

En este contexto, también se usa la expresión *pariente redentor*. Esto significa que era un pariente masculino con la responsabilidad jurídica de ayudar a otros parientes que tuvieran dificultades económicas (Levítico 25:25). Una vez más, no fue una coincidencia que Dios guiara a Rut hacia el campo de Booz y hacia su protección.

El segundo encuentro

Rut se quedó con los segadores "hasta que terminó la cosecha de la cebada y del trigo". Es probable que esto le diera más tiempo a Booz para conocerla o, al menos, para ver cómo seguía con su arduo trabajo. Cuando Noemí comenzó a pensar en el próximo paso para Rut, planteó la posibilidad de emparejarla con Booz. Noemí dio instrucciones a Rut sobre cómo debía abordar la posibilidad de que él asumiera la responsabilidad jurídica sobre ella.

Escucha bien, él va esta noche al campo para separar el grano de la paja. Báñate, perfúmate y ponte tu mejor ropa. Baja luego al lugar donde se limpia el trigo, pero no dejes que él se dé cuenta de que estás allí hasta que haya terminado de comer y beber. Cuando se vaya a dormir, te fijas dónde se acuesta. Luego ve, descubre sus pies y acuéstate a su lado. Verás que él mismo te dice lo que tienes que hacer.
—Haré todo lo que me has dicho —respondió Rut.

Y bajó al lugar donde se limpia el trigo e hizo todo lo que su suegra había mandado.
Rut 3:2b-6

Noemí esperaba que Booz, al casarse con Rut, desempeñara el papel de redentor de ambas. Como Rut era moabita, es posible que el plan le haya parecido extraño. En el Israel antiguo, no había una red de seguridad social; entonces, se esperaba que las familias proveyeran para los suyos. Si había viudas o parientes vulnerables de la familia extendida, el pariente masculino más cercano debía cuidarlos y ser su *goel*, es decir, su redentor del daño. Este principio era tan poderoso e importante que al mismo Dios se le refiere como el *goel* del pueblo de Israel; incluso se le llama "mi roca y mi redentor" en Salmos 19:14.

No había garantía alguna de que Booz aceptara hacerse cargo de dos mujeres sin dinero que no tenían una fuente de ingresos. De hecho, era más probable que se negara. La forma más común en que un *goel* redimía a una joven soltera era casándose con ella. Un hombre no podía llevar a una mujer soltera a su casa sin causar un escándalo; entonces, el matrimonio era la manera adecuada de proceder. El caso de Rut era complicado. Por un lado, era extranjera. Muchos de los hombres de Israel se habrían resistido a casarse con una moabita. Peor aún, Rut era viuda. La realidad era que, si se volvía a casar y tenía hijos según el concepto de la ley del levirato, estos serían considerados descendientes de su primer esposo. Esta era una manera de conservar el apellido y los derechos de la familia. Pero no hay duda alguna de que no había una fila de hombres que diera vuelta a la manzana para casarse con una viuda. En el caso de Rut, el nuevo esposo también debía encargarse de una suegra envejecida y viuda. Rut no tenía motivos para pensar que Booz aceptaría, y se acercó a él de noche cuando nadie más estaba allí. Si él le decía que no, podría ahorrarse la humillación del rechazo público.

También le dio a Booz la deferencia de tomar la decisión en privado; una decisión de gran importancia para todos los involucrados.

> Booz comió, bebió y se puso alegre. Luego se fue a dormir detrás del montón de grano. Más tarde Rut se acercó sigilosamente, le destapó los pies y se acostó allí. A medianoche Booz se despertó sobresaltado y, al darse vuelta, descubrió que había una mujer acostada a sus pies.
> —¿Quién eres? —preguntó.
> —Soy Rut, su sierva. Extienda sobre mí el borde de su manto, ya que usted es un pariente que me puede redimir.
> —Que el Señor te bendiga, hija mía. Esta nueva muestra de lealtad de tu parte supera la anterior, ya que no has ido en busca de hombres jóvenes, sean ricos o pobres. Y ahora, hija mía, no tengas miedo. Haré por ti todo lo que me pidas. Todo mi pueblo sabe que eres una mujer de noble carácter.
> Rut 3:7-11

Booz aceptó ponerse a la altura de las circunstancias y ayudar a Rut, pero prestemos atención a la manera en que lo hizo. ¿Acaso dijo: *Bueno, está bien, esto es lo que se supone que debo hacer y soy un hombre muy generoso*? No, nada de lo que dijo sonó a lástima ni caridad.

En realidad, la ley de Dios deja en claro que no es "caridad" lo que debemos dar a quienes están necesitados. La palabra justicia en hebreo, *tzedek*, es la raíz de la palabra caridad, *tzedakah*. Dar a quienes pasan necesidad no es un simple acto de caridad, sino un acto de justicia. Es lo que nos han ordenado que hiciéramos; es lo que se les debe a los pobres. El mismo Jesús hizo hincapié en esto cuando dijo a sus discípulos: "Así también ustedes, cuando hayan hecho todo lo que se les ha mandado, deben decir: 'Somos siervos inútiles; no hemos hecho más que cumplir con nuestro deber'" (Lucas 17:10). Las Escrituras son muy claras, tanto en el Antiguo como en el Nuevo Testamento: nuestro deber es cuidar a los pobres.

En vez de hacerle sentir a Rut que debía estar agradecida, Booz le expresó gratitud. ¡Le agradeció por estar interesada en él! Hizo la amable suposición de que *ella* era quien tenía algo para darle a *él*. La llamó mujer de noble carácter. Hizo todo lo que estaba a su alcance para fortalecer a Rut y aumentar su autoestima. Debe haber sabido cuánta valentía requería postrarse a los pies de alguien pidiendo ayuda. Rápidamente, Booz eliminó la humillación que pudo haber sentido Rut.

Si prestamos atención, podemos ver con claridad que Rut y Booz eran muy amables y estaban atentos a las necesidades del resto, más allá de lo que era esperado por la sociedad. No era necesario que Rut actuara con un compromiso tan extravagante hacia Noemí y tampoco era necesario que Booz prodigara generosidad a Rut. Parece que la benevolencia sin condiciones de Booz toma a Rut por sorpresa. Luego de haber hecho actos llenos de compasión, ¿se habrá sorprendido de que ella también pudiera recibir gracia inmerecida?

La historia de Rut y Booz no comienza con un amor a primera vista, rápido como un rayo. Se desarrolla más lentamente. A diferencia de casi todas las historias de amor de la Biblia, en esta historia los protagonistas se conocieron poco a poco. Cada uno se conmovió al ver el carácter y la integridad de la otra persona. Habían actuado de manera honorable. Podrían haber tomado decisiones muy diferentes, y muy egoístas, pero

Rut y Booz pusieron a los demás en el primer lugar y honraron a su Dios.

También vemos más ejemplos de cómo Booz protegía a Rut en lo que ocurrió esa misma noche. Aunque él le reveló que había otro pariente más cercano que podía ser su redentor y tenía prioridad para casarse con ella, Booz le rogó que se quedara bajo su protección hasta que llegara la mañana. También se aseguró de que nadie supiera que ella había pasado allí la noche. Por último, le dio un generoso regalo de cebada para que pudiera proveer para ella y Noemí. La suegra de Rut se puso contenta cuando escuchó cómo había recibido la propuesta Booz y le aseguró que él se encargaría de resolver el tema con el otro hombre que tenía el derecho a casarse con Rut.

Booz al rescate

Rut es tan importante que, a menudo cuando contamos su historia, pensamos en toda la narrativa desde su perspectiva. En realidad, la historia es mucho más equilibrada y, en el último capítulo (Rut 4), vemos que Booz actúa solo, separado de Rut. Hizo exactamente lo que le había dicho que haría, e incluso más. Se sentó en la puerta de Belén, donde los hombres importantes de la ciudad se reunían para hacer negocios. Habiendo tomado su lugar entre los líderes de la ciudad, se acercó al otro pariente de Noemí, cuyo derecho a ser *goel* era igual o mejor que el suyo. Booz quería asegurarse de que nadie tuviera quejas en su contra o en contra de Rut.

Primero, Booz le dijo que Noemí estaba vendiendo un terreno que pertenecía a su difunto esposo. Le dio al otro pariente redentor la oportunidad de comprarlo frente a todos los ancianos. El hombre respondió rápidamente que lo iba a comprar. Luego, Booz reveló que la transacción también implicaría tomar a Rut, la viuda. ¡Tiempo fuera!

—Entonces no puedo redimirlo —respondió el pariente redentor—, porque podría perjudicar mi propia herencia. Redímelo tú; te cedo mi derecho. Yo no puedo ejercerlo.
Rut 4:6

En cuanto el otro pariente se enteró de que la interesante transacción implicaba también responsabilidades, y que su herencia podría verse perjudicada por la del esposo de Noemí, retiró su oferta.

Al darle la oportunidad de aceptar o rechazar cada parte del acuerdo, Booz se aseguraba de que no iban a objetar su derecho a ser redentor más adelante. Nadie podía decir que Booz no había presentado todos los detalles con claridad. Esto significaba que, en el futuro, nadie podría objetar la condición jurídica de Rut como esposa de Booz. Al aportar más claridad al asunto, Booz estaba protegiendo a Rut. Las últimas palabras de Booz en el libro están dirigidas a los ancianos que estaban en la puerta de la ciudad:

Entonces Booz proclamó ante los jefes y ante todo el pueblo:
—Hoy son ustedes testigos de que le he comprado a Noemí toda la propiedad de Elimélec, Quilión y Majlón. También he tomado como esposa a Rut la moabita, viuda de Majlón, a fin de preservar el nombre del difunto con su heredad, para que su nombre no desaparezca de entre su familia ni de los registros del pueblo. ¡Hoy son ustedes testigos!
Rut 4:9-10

Este pasaje nos muestra una vez más la abnegación y la bondad que caracterizaban a Booz; es un último vistazo al alegre futuro que les esperaba a esas dos personas amables y valientes que estaban por construir una vida juntos. En el principio, cuando Booz y el otro pariente hablaron sobre la posibilidad de casarse con Rut, Booz usó la fórmula tradicional: "adquieres también a Rut la moabita, viuda del difunto, a fin de conservar su nombre junto con su heredad". Pero, en esta declaración pública en la puerta de la ciudad, Booz se extendió un poco más. También dijo: "para que su nombre no desaparezca de entre su familia ni de los registros del pueblo". Demostró consideración por la familia de Noemí y por el recuerdo de Elimélec, Quilión y Majlón. En lugar de sentirse amenazado por su existencia y su recuerdo, se dedicó a conservarlos.

Rut y Booz no eran adolescentes desafortunados cuando Dios unió sus caminos. Rut había llegado a la vida de Booz con un pasado doloroso, que probablemente incluía recuerdos agridulces del matrimonio con su primer esposo. Booz no se sentía amenazado por eso. Sabemos que Booz era mayor que Rut porque, en el lugar donde se limpia el trigo, él le dice que no era uno de los "hombres jóvenes". No era común en esa época que un hombre rico e influyente en la comunidad llegara a la mediana edad sin haberse casado; entonces, es posible (e incluso probable) que Booz haya estado casado antes. Esto implicaría que ambos llevarían consigo el recuerdo de la vida con otra persona, el compromiso hacia otra persona e incluso el amor hacia otra persona.

Rut pone ante nosotros la delicada realidad y la esperanza del amor después de la viudez o de tener una segunda oportunidad en el amor. En la historia de estas personas honorables, la Biblia nos dice que el segundo amor nunca es el segundo mejor amor. No hay que minimizar, menospreciar ni olvidar al primer amor para que el segundo sea verdadero. Después de que el matrimonio con Majlón terminara de manera trágica, Rut cambió y creció durante varios años. A lo largo de su camino por el duelo, encontró el gozo de nuevo. Quienes conocen la pérdida de un ser amado son conscientes de cómo se puede experimentar al mismo tiempo el dolor y el amor al recordar la aflicción y la pérdida. Pero, a veces, Dios permite que nuestro corazón se abra con la tristeza para verter más bendiciones en él.

Pocas cosas me hacen más feliz que ver un viudo o una viuda, o alguien que ha atravesado un doloroso divorcio, encontrar un nuevo cónyuge. Por supuesto que no es el camino ideal para todos, pero es hermoso ser testigos cuando esto sucede: ver cómo una segunda oportunidad da una vida nueva a un corazón devastado y roto. ¡Pude ver algunas de estas historias desde la primera fila y me llenan de optimismo!

El matrimonio de Booz y Rut no fue tan solo una segunda oportunidad para ellos dos. También fue el gozo y la redención de Noemí, mucho tiempo después de que creyera que Dios la había abandonado. ¡Fue abuela! El bebé Obed significaba que el apellido de su difunto esposo permanecería. También se convertiría en el abuelo de David, un vínculo clave en el linaje que lleva hasta Cristo, nuestro Salvador (Mateo 1). La comunidad de Noemí, aquella a la cual había abandonado con aflicción y a la cual regresó con desesperanza, celebró junto con ella:

> Las mujeres decían a Noemí: "¡Alabado sea el Señor, que no te ha dejado hoy sin un redentor! ¡Que llegue a tener renombre en Israel! Este niño renovará tu vida y te sustentará en la vejez, porque lo ha dado a luz tu nuera, que te ama y es para ti mejor que siete hijos".
> Rut 4:14-15

Noemí había regresado a su hogar en Belén con la certeza de que Dios no tenía nada bueno para ella. ¡Pero cuán
equivocada estaba! Este es un recordatorio valioso para todos nosotros.

Ahora bien, sabemos que Dios dispone todas las cosas
para el bien de quienes lo aman, los que han sido llamados
de acuerdo con su propósito.
Romanos 8:28

Desde los primeros días de la iglesia, los escritores y co-
mentaristas cristianos encontraron significados profundos
en el libro de Rut. Este libro era venerado por los judíos como
un registro de los ancestros del rey David. Para los cristianos,
Rut era el relato de los ancestros de Jesús, mencionado en los
Evangelios. Rut apuntaba directamente a Cristo, pero también
apuntaba a los *cristianos*. Los cristianos gentiles se veían reflejados en la persona de Rut, una persona que no era judía y se
había unido al pueblo de Dios gracias a su fe y devoción. Ellos
también eran extranjeros, como Rut, ya que los habían reuni-
do de distintas naciones para formar parte del pueblo de Dios.
Ellos también habían sido llamados con un propósito especial.

Booz, en su calidad de redentor, representó lo que Cristo
haría por esos forasteros. Intervino para pagar el precio por
cada uno de nosotros, cuando éramos pobres y estábamos en
necesidad. Al igual que Rut, no podíamos ofrecer nada a nuestro Redentor, con excepción de nuestra devoción, integridad
y agradecimiento. Y, al igual que Booz, Cristo viene a nuestro
encuentro con bondad y compasión, en vez de reprendernos
o apartarnos cuando nos acercamos a Él. Al igual que Booz,
Cristo nos envuelve con su aceptación y nos da una vida nueva repleta de segundas oportunidades.

Oración: Señor Jesús, gracias porque estás obrando incluso cuando no podemos ver tu mano debido a nuestro dolor y nuestras pérdidas. Gracias por recordarnos por medio de las Escrituras que eres el Dios de las segundas oportunidades. Ayúdanos a tener los ojos y el corazón abiertos a la evidencia de que estás obrando en medio de las pruebas. Haz que demos de manera sacrificial a quienes están en necesidad con la convicción de que nos has llamado y equipado para el servicio. Que sepamos valorar el regalo del amor.

David y Abigaíl

(1 SAMUEL 24-25)

El rebelde y la pacificadora

Una de las historias de amor más fascinantes de la Biblia es la de David y Abigaíl. Es una historia dramática que recibe mucha menos atención que otros de los romances de David de más alto perfil, como su relación con Mical, hija del rey Saúl, o con Betsabé. Estas dos relaciones estuvieron marcadas por tiempos de infelicidad y pérdida. Después de que David huyera de Saúl, un paso delante de los asesinos reales, Saúl tomó a Mical y la casó con otro hombre. Una vez más, la usó como si fuera un peón para sus propósitos. Cuando Mical regresó a David, su relación se había convertido en amargura y desprecio mutuo. La relación con Betsabé comenzó con adulterio, asesinatos y la muerte de su hijo. Mical había sido entregada por su padre como un regalo a David y Betsabé había sido arrebatada de su esposo por David.

La relación de Abigaíl con David tuvo un comienzo muy diferente. Y lo que sucedió antes nos da un contexto importante. David fue un siervo fiel de Saúl durante mucho tiempo y también recibía mucha atención y admiración por sus valientes hazañas como guerrero. Su relación se fue transformando en celos e ira a medida que Saúl consideraba a David como una amenaza; por eso, se dispuso a matarlo varias veces. David pasó muchos años huyendo de Saúl, y fue durante esa época que sus caminos y los de Abigaíl se cruzaron por primera vez en 1 Samuel 25.

Pero recordemos lo que había sucedido anteriormente. Saúl había encomendado a tres mil de sus hombres que mataran a David. En un momento, el rey fue a una cueva para hacer sus necesidades; esa era la misma cueva en la que estaban escondidos David y sus hombres (1 Samuel 24:3). Los hombres le insistieron a David para que invirtiera los roles y matara a Saúl, pero él hizo algo muy inusual: cortó el borde del manto de Saúl sin que el rey se diera cuenta. Al final, David se sintió culpable por haber hecho eso.

> ... y les dijo a sus hombres: —¡El Señor me libre de alzar mi mano contra mi señor el rey! ¡Si él es rey, es porque el Señor lo ha escogido! De este modo refrenó David a sus hombres y no les permitió atacar a Saúl, el cual salió de la cueva y siguió su camino.1 Samuel 24:6-7 (DHH)

David había indultado al hombre cuyo principal objetivo era asesinarlo, en un momento más que vulnerable. Esta no sería la última vez que David tendría una oportunidad para quitarle la vida a Saúl, pero en cada oportunidad David lo pospuso debido a que Saúl era el ungido de Dios. Él también podría haber seguido los impulsos humanos de la venganza o la autoconservación. En cambio, David respetó los planes de Dios.

Sin embargo, intentó aprovechar la situación para demostrar su lealtad a Saúl.

David salió de la cueva y gritó:

—¡Majestad, señor mío!

Saúl miró hacia atrás y David, postrándose rostro en tierra, se inclinó y dijo:

—¿Por qué hace caso usted a los que dicen que yo quiero hacerle daño? Usted podrá ver con sus propios ojos que hoy mismo, en esta cueva, el Señor lo había entregado en mis manos. Mis hombres me incitaban a que lo matara, pero yo respeté su vida y dije: "No puedo alzar la mano contra el rey, porque es el ungido del Señor". Padre mío, mire usted el borde de su manto que tengo en la mano. Yo corté este pedazo, pero a usted no lo maté. Reconozca que yo no intento hacerle mal ni traicionarlo. Usted, sin embargo, me persigue para quitarme la vida, aunque yo no le he hecho ningún agravio.
1 Samuel 24:8-11

Saúl "se echó a llorar" y le confesó a David: "Has actuado mejor que yo" (1 Samuel 24:17). También le pidió al Señor que "recompensara" a David por haberle perdonado la vida. Luego, el mismo rey agregó esta profecía:

Ahora caigo en cuenta de que tú serás el rey y de que consolidarás el reino de Israel.
1 Samuel 24:20

¿No era precisamente porque Saúl sabía que eso sería realidad que se había obsesionado con matar a David antes de que pudiera asumir el trono? Este momento en que Saúl entendió cuán fácil hubiera sido para David asesinarlo, nos demuestra que aún era un ser humano, que podía arrepentirse y sentir compasión, a pesar de sus ataques de inestabilidad mental y violencia.

Saúl le pidió a David jurar ante el Señor que no extermi-
naría su descendencia ni el nombre de su familia. Las Escrituras nos dicen que David así lo hizo, aunque Saúl no le prometió
nada a David, y los dos hombres se fueron por su lado. Y, entonces, la historia nos lleva al encuentro de David y Abigaíl.

> Después de eso David bajó al desierto de Parán. Había en
> Maón un hombre muy rico, dueño de mil cabras y tres mil
> ovejas, las cuales esquilaba en Carmel, donde tenía su ha-
> cienda. Se llamaba Nabal y pertenecía a la familia de Caleb.
> Su esposa, Abigaíl, era una mujer bella e inteligente; Nabal,
> por el contrario, era insolente y de mala conducta.
> 1 Samuel 25:1-3

Tener mil cabras y tres mil ovejas sería como ser multimi-
llonario hoy en día; definitivamente, era uno de los hombres
más ricos del reino. Y, aunque era rico en posesiones, parece
que era pobre en su carácter: "era insolente y de mala conducta". ¿Te gustaría ser descrito de esa manera? Por el contrario, a
Abigaíl se la describe como bella e inteligente. La palabra "inteligente" en hebreo es *sekhel*, y es la única vez que se usa esta
palabra en la Biblia para describir a una mujer. Significa que
tiene un excelente juicio de algo o sabia discreción. Pronto veremos si esta descripción coincide con Abigaíl.

El momento en que se dio el encuentro también fue clave. Era temporada de esquila, que se consideraba un tiempo
festivo. Solía haber fiestas y celebraciones para conmemorar
las ganancias que recaudaban los dueños de los rebaños después del arduo trabajo durante la temporada de cría.

David debe haber considerado que este era un buen tiempo para acercarse a Nabal y resaltar el trabajo que él y sus hombres habían hecho para proteger los valiosos rebaños de Nabal.

Envió entonces diez de sus hombres con este encargo: "Vayan a Carmel para llevarle a Nabal un saludo de mi parte. Díganle: '¡Que tengan salud y paz tú y tu familia, y todo lo que te pertenece! Acabo de escuchar que estás esquilando tus ovejas. Como has de saber, cuando tus pastores estuvieron con nosotros, jamás los molestamos. En todo el tiempo que se quedaron en Carmel, nunca se les quitó nada. Pregúntales a tus criados y ellos mismos te lo confirmarán. Por tanto, te agradeceré que recibas bien a mis hombres, pues este día hay que celebrarlo. Dales, por favor, a tus siervos y a tu hijo David lo que tengas a la mano'".

1 Samuel 25: 5-8

David envió saludos y buenos deseos a Nabal y todo lo que le pertenecía. También le recordó amablemente el servicio que él y sus hombres habían prestado y que lo habían hecho con integridad. David se refirió a sus hombres como los "servidores" de Nabal y le pidió aquello que el hombre rico considerara una recompensa apropiada. No hubo exigencias.

El hecho de que David usara la expresión "tu hijo" también era una muestra de reverencia hacia un hombre mayor y respetado. Así funcionaba el mundo antiguo. David tenía motivos para ofrecer protección a los pastores de Nabal frente a los ataques filisteos en la zona. David y sus hombres armados podrían haberse robado algunas de las ovejas de Nabal como provisión. David y sus hombres vivían frugalmente en esa época, y siempre estaban buscando maneras de alimentarse, y habría sido comprensible que tomaran unas ovejas de aquí y otras de allá. Pero David no lo había hecho. Le prestaron un servicio valioso a Nabal y, con gran respeto y buenos deseos, David pidió una compensación a Nabal.

Las cosas no salieron según lo planeado. Primero, Nabal fingió no conocer al hombre que tenía una reputación conocida en toda la tierra.

> Pero Nabal les contestó:
> —¿Y quién es ese tal David? ¿Quién es el hijo de Isaí? Hoy día son muchos los esclavos que se escapan de sus amos. ¿Por qué he de compartir mi pan y mi agua, y la carne que he reservado para mis esquiladores, con gente que ni siquiera sé de dónde viene?
> 1 Samuel 25:10-11

Nabal respondió al acto justo y honesto de David con ingratitud. Aun peor, agravió a David. Para criticar a David respecto del rey Saúl, dijo: "Hoy día son muchos los esclavos que se escapan de sus amos". No le importó que David se hubiera comportado siempre de manera honesta con Saúl. Nabal clasificaba a David (a quien supuestamente ni siquiera conocía) como un esclavo de Saúl, como un don nadie. La respuesta dura de Nabal supuso un claro contraste con la propuesta respetuosa y la deferencia de David.

David no se puso para nada contento cuando sus hombres regresaron con la respuesta de Nabal.

> Entonces David ordenó: "¡Cíñanse todos la espada!". Y todos, incluso él, se la ciñeron. Acompañaron a David unos cuatrocientos hombres, mientras que otros doscientos se quedaron cuidando el bagaje.
> 1 Samuel 25:13

El respeto de David por la unción del Señor pudo haber evitado que tocara a Saúl, pero en un momento de rabia nada evitaría que le enseñara una lección a Nabal. No se trataba de un pequeño grupo de bandidos, sino todo lo contrario. David comandaba seiscientos guerreros fuertes que habían ido a la batalla con él y que lo habían arriesgado todo para que triunfara como rey. Si iban a visitar a Nabal, no sería para amenazarlo, sino para matarlo a él y a toda su familia.

Desde la casa de Nabal, llega una advertencia sobre la inminente revancha.

Uno de los criados avisó a Abigaíl, la esposa de Nabal: "David envió desde el desierto unos mensajeros para saludar a nuestro amo, pero él los trató mal. Esos hombres se portaron muy bien con nosotros. En todo el tiempo que anduvimos con ellos por el campo, jamás nos molestaron ni nos quitaron nada. Día y noche nos protegieron mientras cuidábamos los rebaños cerca de ellos. Piense usted bien lo que debe hacer, pues la ruina está por caer sobre nuestro amo y sobre toda su familia. Tiene tan mal genio que ni hablar se puede con él".
1 Samuel 25:14-17

Esta interacción sugiere que los mismos criados de Nabal sabían cuán irascible podía ser, y que Abigaíl podía encontrar la manera de calmar la situación. Quizás ya había desempeñado ese papel con su esposo. El criado incluso dijo que Nabal tenía tan mal genio que nadie podía hacerlo entrar en razón.

La respuesta de Abigaíl es la de una persona sabia e ingeniosa. ¿Fue directo a Nabal para reprenderlo? No cabe duda de que esa sería una misión ineficaz. Las Escrituras nos dicen que ella actuó "sin perder tiempo" (1 Samuel 25:18) y preparó un gran banquete con vino, pan, carne y tortas, y salió para encontrarse con David. "Pero a Nabal, su esposo, no le dijo nada de esto" (1 Samuel 25:19b). Recuerda cómo la habían descrito: sabia discreción.

Todos hemos estado en situaciones de alta presión en las que la discreción y la prudencia pueden ser los mejores recursos. Imagina descubrir que cuatrocientos guerreros se están acercando para aniquilar a toda tu familia. ¿Entrarías en pánico? ¿Colapsarías? ¿O harías como Abigaíl y te prepararías para interceder con gracia y humildad? Ella juntó las ofrendas que debería haber preparado Nabal y tomó la iniciativa. Abigaíl se encargó de ofrecer toda la riqueza que su esposo debería haber compartido con generosidad.

Los criados de Nabal sabían que, si querían justicia, no debían dirigirse a él. Fueron directo a Abigaíl, que era la persona sensata de la familia. A partir de los detalles que vemos de Abigaíl en 1 Samuel, encontramos varios paralelismos con la mujer ejemplar que se describe en Proverbios 31. En primer lugar, estaba intentado salvarle el pellejo a Nabal.

Ella le es fuente de bien, no de mal,
todos los días de su vida.
Proverbios 31:12

Las Escrituras también describen a Abigaíl como alguien en quien los demás confían y a quien los demás respetan.

Cuando habla, lo hace con sabiduría;
cuando instruye, lo hace con amor.
Está atenta a la marcha de su hogar
y el pan que come no es fruto del ocio.
Proverbios 31:26-27

¡No cabe duda de que estaba atenta a la marcha de su hogar! Esto hace que nos preguntemos qué parte del éxito de

Nabal se habrá debido, al menos parcialmente, a la sabiduría y al consejo de su esposa.

Nos recuerda la guía de otro Proverbio muy conocido.

La respuesta amable calma la ira,
pero la agresiva provoca el enojo.
Proverbios 15:1

Nabal había expresado una de estas respuestas, y Abigaíl estaba por salvarles la vida ofreciendo la otra.

No sabemos nada sobre el matrimonio ni la relación personal de Nabal y Abigaíl, aunque no es necesario ser detectives para deducir que quizás no eran muy buenos. Pero vemos la poderosa imagen de una esposa astuta que puede sacar lo mejor de pésimas circunstancias. Abigaíl se podría haber resignado, y podría haber aceptado el hecho de que su esposo los pondría en peligro o causaría conflictos una y otra vez. En aquella época, él era el líder absoluto de la casa, y ella podría haber optado por quedarse en su lugar y permitir que el comportamiento grosero de su marido les trajera graves consecuencias a todos. Pero queda claro que su inteligencia *sekhel* no le permitió acobardarse. En lugar de eso, pasó a la acción y, sabiamente, se acercó a David con bendiciones generosas y una actitud contrita.

Cuando Abigaíl vio a David, se bajó rápidamente del asno y se postró ante él con su rostro en tierra. Se arrojó a sus pies y dijo:

—Señor mío, yo tengo la culpa. Deje que esta sierva suya hable; le ruego que me escuche. No haga usted caso de ese malvado de Nabal, pues le hace honor a su nombre, que significa "necio". La necedad lo acompaña por todas

partes. Yo, por mi parte, no vi a los mensajeros que usted,
mi señor, envió.

1 Samuel 25:23-25

Abigaíl no tardó en demostrarle a David exactamente lo
contrario a lo que había recibido con la respuesta despectiva
de Nabal: respeto.

Es interesante ver cómo otras traducciones describen las
primeras palabras de Abigail sobre David: "Señor mío, sobre
mí sea el pecado" (RVR60). "Toda la culpa es mía en este asunto, mi señor" (NTV). "¡Que la culpa, mi señor, recaiga sobre mí!"
(DHH). Abigaíl no había hecho nada malo, pero le pidió a David
que la culpa de Nabal recayera sobre ella para salvar a quienes estaban bajo su cuidado en la casa. ¡Qué hermoso presagio de lo que Cristo haría por todos nosotros unos siglos
después! Así como el hombre pecó contra Dios y creó una crisis espiritual, Nabal había ofendido a David, que estaba buscando la revancha. Así como Abigaíl quería pagar el precio por
su despreciable esposo, Cristo se puso de pie en la brecha por
cada ser humano necesitado de salvación, es decir, por todos
y cada uno de nosotros. No era una condena que le corres-
pondiera a Él, sino una que aceptó voluntariamente para fi-
jar la paz eterna entre Dios y el hombre. Si bien Abigaíl salvó
a docenas de personas, Cristo redimió a una cantidad infinita
de almas desesperadas.

En la súplica introductoria, Abigaíl también reconoce las fa-
llas de su esposo: era malvado y necio. Luego, señaló que David, el futuro rey, debía ser exaltado y después siguió hablando:

Pero ahora el Señor le ha impedido a usted derramar sangre
y hacerse justicia con sus propias manos. Tan cierto como el
Señor y usted viven, esto es lo que pido: que a sus enemigos,

y a todos los que quieran hacerle daño, les pase lo mismo que a Nabal. Acepte usted este regalo que su criada ha traído y repártalo entre los criados que lo acompañan.
1 Samuel 25:26-27

Abigaíl declaró la existencia y la gloria de Dios, e hizo hincapié en el favor de Dios sobre David. También dijo, astutamente, que Dios había evitado que David destruyera la casa de Nabal. Luego, Abigaíl ofreció a David los lujosos regalos que le correspondían.

Abigaíl dio un paso más y proclamó que el Señor le daría a David "una dinastía duradera" (1 Samuel 25:28 NTV) y que nadie podría hacerle frente porque él estaba peleando las batallas del Señor. Demostró que conocía muy bien el pasado y el presente de David. Mira lo que dijo acerca de la protección de Dios sobre David: "Aun si alguien lo persigue con la intención de matarlo, su vida estará protegida por el Señor su Dios, mientras que sus enemigos serán lanzados a la destrucción" (1 Samuel 25:29).

¿Quién podría estar persiguiendo a David para matarlo si no era Saúl? Queda claro que Abigaíl estaba en conocimiento de que David huía para salvarse, y que Saúl quería matarlo. Pero también conocía el pasado de David y lo honró recordando su victoria más famosa cuando dijo que sus enemigos serían "lanzados a la destrucción". David era el guerrero de la honda, el que mató a Goliat con un tiro certero. Al celebrar sutilmente esta victoria del pasado, Abigaíl honró a David y, además, le recordó que el tosco Nabal no sería un oponente digno.

También hizo una observación magistral a David: al perdonarle la vida a Nabal, no tendría que cargar con la culpa de la destrucción de este hombre desagradable una vez que fuera rey. Ella dijo:

Así que, cuando el Señor haya hecho todo el bien que le ha prometido, y lo haya establecido como gobernante de Israel, no tendrá usted que sufrir la pena y el remordimiento de haberse vengado por sí mismo, ni de haber derramado sangre inocente. Acuérdese usted de esta sierva suya cuando el Señor le haya dado prosperidad.

1 Samuel 25:30-31

El discurso de Abigaíl es un ejemplo perfecto de oratoria persuasiva.

¿Cuántos desastres del mundo moderno podríamos evitar si nos tomáramos el tiempo para acercarnos con humildad y gracia? Piensa cuánto enojo y dolor has sentido cuando un insulto o desaire ha llegado a tus oídos por medio de murmuraciones. *¿Realmente dijo eso? ¿Habrá estado mal informado sobre algo que dijiste antes?* He visto suficientes *reality shows* para saber que, cuando comienzas la confrontación (¿y no es eso lo que quieren los productores?), es difícil volver el tiempo atrás. Todos hemos visto una escena como esta: una de las amas de casa mejor vestidas, a menudo embriagada y provocada por otras mujeres, corre hacia una fiesta repleta de gente y acribilla a un tercero sobre algo que (¡ups!, rueda la cinta) la persona nunca dijo.

Abigaíl no hizo nada de esto. Sabía perfectamente lo que Nabal había dicho y hecho, pero supuso lo mejor sobre David y apeló a su respeto por Dios. Abigaíl expresó que creía en David con todo el corazón. Lo trató como el rey que confiaba que sería. Los rabinos antiguos consideraban a Abigaíl una profeta porque anunció el triunfo de David con mucha seguridad y actuó basada en la fe de que eso sucedería.

Abigaíl pidió algo a cambio. Le pidió a David que se acordara de ella, que tuviera misericordia continua por ella y su casa. Tomó su lugar en esta complicada red de gratitud y compensación. David fue deferente con Nabal; Nabal fue desagradecido con David. Abigaíl fue respetuosa con David y esperaba que David fuera misericordioso con ella. Una y otra vez, demuestra cuán acertado era el uso de la palabra *sekhel* para describirla; era digna. Es fácil imaginar a David, el guerrero directo, asombrado y extrañado ante la pirotecnia verbal de Abigaíl. ¿Qué habrá pensado de ella? Es probable que ella haya sido diferente a todo lo que él había visto antes, tanto en relación con su genialidad, su valentía y su independencia.

> David dijo entonces a Abigaíl:
> —¡Bendito sea el Señor, Dios de Israel, que te ha enviado hoy a mi encuentro! ¡Y bendita seas tú por tu buen juicio, pues me has impedido derramar sangre y vengarme con mis propias manos! Tan cierto como el Señor, Dios de Israel, vive y me ha impedido hacerte mal, te aseguro que, si no te hubieras dado prisa en venir a mi encuentro, para mañana no le habría quedado vivo a Nabal ni uno solo de sus hombres.
> Dicho esto, David aceptó lo que ella había traído.
> —Vuelve tranquila a tu casa —añadió—. Como puedes ver, te he hecho caso: te concedo lo que me has pedido.
> 1 Samuel 25:32-35

David elogió el "buen juicio" de Abigaíl y le agradeció por haber intervenido e impedido el derramamiento de sangre y la venganza. La respuesta positiva de David no era una conclusión ineludible. Abigaíl se arriesgó al hacer lo que hizo, ya que no era imposible que David la criticara o reprendiera por haberse acercado directamente a él, en especial sin la aprobación de su esposo. En aquellos días, esto podría interpretarse como una insubordinación a su Nabal. Tranquilamente, David podría haber reprendido a Abigaíl por su falta de lealtad o haberse puesto en contra de ella. Pero no lo hizo. La escuchó y alabó a Dios por su presencia y sus palabras.

Abigaíl debió haber regresado a su hogar con mucho alivio, al evitar el desastre seguro de todo lo que le importaba a Nabal. Cuando llegó, 1 Samuel 25:36 nos dice que Nabal estaba dándose varios gustos y "tenía banquete en su casa como banquete de rey" (RVR60). Esas palabras me golpearon la primera vez que las leí en el contexto de esta historia. David había sido ungido como rey y sería el líder de Israel, escogido directamente por Dios. Nabal, en su arrogancia y avaricia, había despedido a los hombres de David con desprecio. Entonces, mientras Abigaíl negociaba la paz con David (el futuro rey), Nabal estaba en su casa actuando como si *él* fuera de la realeza. El contraste con David debe haber sido muy claro: por un lado, un guerrero valiente y ejemplar y, por el otro, un inútil malvado y borracho. No nos sorprende que Abigaíl analizara la situación y decidiera no contarle a Nabal lo que había hecho hasta el día siguiente.

> Por la mañana, cuando a Nabal ya se le había pasado la borrachera, su esposa contó lo sucedido. Al oírlo, Nabal sufrió un ataque al corazón y quedó paralizado.
> 1 Samuel 25:37

Enfrentarse a Nabal y hacerse cargo de lo que había hecho exigía valentía. Puede haber sido malvado y patético, pero era su esposo. En esa época y en ese contexto, él tomaba todas las decisiones. Podría haber reprendido a su esposa o hacer cosas mucho peores. Parece el tipo de hombre que habría actuado impulsivamente, y cuyo orgullo podría lastimarse con facilidad. Abigaíl podría haber escondido sus súplicas a David y los regalos que se llevó. Recuerda que el criado que estaba preocupado porque David se acercaba para matarlos no había hablado con Nabal, sino que había compartido este hecho terrorífico con la mujer de la casa. Pero ella esperó hasta que su esposo fuera capaz de comprender lo que le decía y, recién entonces, relató la historia completa sobre su viaje para encontrarse con David y sus hombres.

Aunque no estamos completamente seguros de qué ocurrió con Nabal, la mayoría de los estudiosos creen que sufrió un infarto o un accidente cerebrovascular. ¿Habrá asimilado que él y su casa habían estado muy cerca de la muerte? ¿Se habrá sorprendido de que su esposa lo esquivara y salvara? Más allá de qué fue lo que lo sorprendió, tuvo un efecto grave en su estado físico. Nabal "quedó paralizado", lo que podría ser la descripción de alguien que entra en coma. No viviría mucho más.

> Unos diez días después el Señor hirió a Nabal y así murió.
> 1 Samuel 25:38

No te confundas: Dios infligió el castigo de Nabal. A este hombre malvado y egoísta le costó la vida. Aunque David hervía de enojo por los insultos que habían recibido él y sus hombres, las palabras de Abigaíl y su actitud humilde habían impedido que él asesinara a todos en su casa. Cuando David se retiró, Dios arregló las cuentas.

De inmediato, David alabó al Señor, así como había agradecido a Abigaíl, por haberle evitado el pecado y el remordimiento en medio de la furia.

> Cuando David se enteró de que Nabal había muerto, exclamó: "¡Bendito sea el Señor, que me ha hecho justicia por

la afrenta que recibí de Nabal! El Señor libró a este siervo
suyo de hacer mal, pero hizo recaer sobre Nabal su propia
maldad".
1 Samuel 25:39a

David no perdió el tiempo y cumplió su promesa a Abigaíl.
No cabe duda de que se acordó de ella.

Entonces David envió un mensaje a Abigaíl, proponiéndo-
le matrimonio.
1 Samuel 25:39b

¡Qué giro inesperado! Esta mujer, descrita como inteligente y bella, había causado una buena impresión ante David. Él había observado su discreción y humildad en acción.
Ella le demostró respeto y reconoció su destino como el rey
elegido por Dios.

Cuando los criados llegaron a Carmel, hablaron con Abigaíl y dijeron:
—David nos ha enviado para pedirle a usted que se
case con él.
Ella se inclinó y, postrándose rostro en tierra, dijo:
—Soy la sierva de David y estoy para servirle. Incluso
estoy dispuesta a lavarles los pies a sus criados.
Sin perder tiempo, Abigaíl se dispuso a partir. Se mon-
tó en un asno y, acompañada de cinco criadas, se fue con
los mensajeros de David. Después se casó con él.
1 Samuel 25:40-42

¡Cómo le cambió la vida a esta sabia mujer, quien probablemente haya sido el mejor recurso de Nabal! Aunque estaba

casada con un hombre malvado y arrogante, actuó con rapidez y buen juicio cuando estuvo bajo presión. Para un futuro rey, que huía por su vida, ella era un regalo del cielo. Podemos imaginar que ella debe haberse sentido de la misma manera respecto de David.

Es probable que David hubiera visto a muchas mujeres hermosas, tanto dentro como fuera del palacio, pero la inteligencia de Abigaíl lo cautivó de una manera completamente diferente. Su don con las palabras había hecho que tuviera una nueva perspectiva sobre sí mismo y sus acciones. Su sabio consejo había evitado que se entregara a la ira y al orgullo. Después de todo, David era mucho más que un simple guerrero. También era un talentoso músico y un compositor de canciones y lamentos. Es fácil imaginar, pues, que la retórica apasionada de Abigaíl impresionara a David.

A menudo, cuando pensamos en historias de amor, nos enfocamos en la felicidad de dos personas. Pero la historia de Abigaíl y David también nos permite ver un matrimonio difícil en el que la esposa debe emprender una misión salvavidas, debido a la grosera arrogancia de su esposo. Es poco probable que Abigaíl haya podido elegir su matrimonio con Nabal, pero su comportamiento vergonzoso no la debilitó. Claramente, era capaz y las personas de su casa confiaban en ella. Había encontrado la manera de florecer en medio de un matrimonio problemático. No son pocos los cónyuges que viven esta realidad. A veces digo (un poco en broma) que, si has estado casado más de cinco minutos, es probable que necesites un consejero o un terapeuta. ¡Así es la vida! Pero algo me dice que Nabal no habría tenido muchas ganas de ver a un consejero matrimonial.

No cabe duda alguna de que Dios es el Dios de las segundas oportunidades, ya sea que eso signifique sanar un

matrimonio roto o liberarte de uno que ha destruido los límites bíblicos que Él ha puesto para nosotros. Recuerdo que,
cuando era muy pequeña, algunas personas de la iglesia trata-
ban a mi mamá como una cristiana de segunda clase debido a
que se había divorciado de mi padre, aunque no sabían sobre
lo sucedido entre ellos. Aún era una niña, y ya sentía tristeza y
vergüenza por la manera en que algunos veían nuestra situación. Pero otros la aceptaron con el corazón abierto y nosotras
sabíamos que Dios nunca nos había abandonado.

Así como Abigaíl encontró un nuevo capítulo con David,
mi mamá encontró la felicidad y la fortaleza espiritual en su
matrimonio con mi padrastro. Dios aún no había terminado
de escribir su historia. De hecho, tan solo había comenzado en
muchos sentidos. Sabemos que el Señor puede tomar aquello
con lo que el enemigo pensaba hacernos mal y encaminarlo
para bien (Génesis 50:20). Definitivamente, hizo eso con Abigaíl. Su acto justo y compasivo afectó el transcurso de la vida
de David, es decir que cambió el transcurso de la historia de
Israel y, por extensión, de la nuestra.

Oración: Padre celestial, danos de tu sabiduría y discernimiento en cada desafío que debamos enfrentar. Ayúdanos
a ser humildes y a estar dispuestos a intervenir y actuar
para transformar el mal en bien. Muéstranos, Señor, cómo
traer paz y armonía cuando estamos en pleno caos e injusticia. Recuérdanos que no estamos desamparados en medio de los problemas porque Tú nos preparas y nos guías.
Eres el Dios de las segundas oportunidades.

Amor de amistad

Proverbios 18:24 dice que "hay amigos más fieles que un hermano" y, en las siguientes historias, verás cómo esta afirmación se hace realidad en las páginas del Antiguo y del Nuevo Testamento. A menudo le doy gracias a Dios por lo que yo considero algunos de sus regalos terrenales más bondadosos y generosos: los amigos del alma. Si bien el amor romántico es el que se lleva toda la atención, a la mayoría de nosotros nos alimenta el respaldo y el apoyo diario de nuestros queridos amigos.

Julie, mi amiga de la infancia, y yo solíamos usar vestidos a cuadros azules y blancos que hacían juego, y cantar duetos en todas partes, desde la escuela dominical hasta el hipódromo (es una larga historia). Y tengo los recuerdos más vívidos con mi mejor amiga de la escuela, Michelle, con quien decoraba galletas de Navidad todos los años. También recuerdo esa pijamada en la casa de Tara, quien había conseguido una copia del álbum *Thriller* de Michael Jackson, aunque pasamos más tiempo bailando y cantando que durmiendo.

Cuando me animé a dar los primeros pasos en la universidad, fueron mis amigas quienes me acompañaron cuando me rompieron el corazón y cuando, de alguna manera, terminé en el escenario de Miss América. Estuvieron allí para motivar mis sueños más importantes y para ayudarme a ponerme de pie siempre que las cosas no salían según lo planeado. ¡Es un tesoro tener a muchas de ellas en mi vida! Hemos crecido, hemos atravesado tragedias desgarradoras, nos hemos dicho la verdad las unas a las otras y hemos celebrado muchos hitos. Dios me ha regalado a cada una de estas confidentes, así como lo hizo con sus hijos a lo largo de las Escrituras. Nuestras amistades, incluso con sus imperfecciones, pueden dirigirnos a Él.

David y Jonatán

(1 SAMUEL 17-18:9, 19:1-7, 20:1-42, 23:15-18,
2 SAMUEL 1:22-27, 9:1-11)

Hermanos de armas

Después del liderazgo de varios jueces, incluidos los años fallidos
y caóticos de Sansón, no sorprende que el pueblo de Israel haya
ansiado algo diferente. Entonces, el pueblo se quejó y le exigió un
rey a Dios. Querían ser como todos los demás. Pero el error de
Israel a lo largo del Antiguo Testamento fue buscar la estabilidad
en los líderes humanos en lugar de buscarla en su Dios. Básica-
mente, estaban cambiando su rey celestial por un rey terrenal y
falible. Dios dijo al profeta Samuel: "no quieren que yo reine sobre ellos" (1 Samuel 8:7b). También le dijo que advirtiera al pueblo sobre qué y a quién recibirían y cuánto les costaría, y agregó:

> Cuando llegue aquel día, clamarán por causa del rey que
> hayan escogido, pero el Señor no les responderá.
> 1 Samuel 8:18

Aun así, el pueblo le insistió a Samuel. Querían tener un
rey, al igual que todas las demás naciones, y Dios se lo dio.

De hecho, Dios les dio un rey que se debe haber parecido al monarca de sus sueños: "buen mozo y apuesto como

ningún otro israelita" y "tan alto que los demás apenas le llega-
ban al hombro" (1 Samuel 9:2). ¡De repente, el nuevo hombre
a cargo era George Clooney! (Pero terminó siendo el George
Clooney torpe de *¿Dónde estás, hermano?* en lugar del George Clooney agradable de *La gran estafa*). En los años que siguieron a la designación de Saúl como el primer rey de Israel,
era cada vez más evidente que Saúl tenía graves problemas de
carácter y problemas de salud mental. Era paranoico y miedo-
so, y hacía cualquier cosa para agradar a los demás, incluso
desobedecer los mandamientos de Dios.

Pero otro tema en esta época de la historia de Israel es la
marcada diferencia que existía entre los padres y los hijos. El
hijo mayor de Saúl, Jonatán, tenía todas las cualidades positivas que le faltaban a su padre: grandeza, fe, valentía y humildad. De hecho, parecía que algún día sería el rey perfecto. Pero
Dios tenía otro camino para Jonatán, a quien hoy recordamos
como uno de los amigos más leales de la Biblia. Un hombre
que estuvo dispuesto a romper con su propio padre y prome-
terle lealtad inquebrantable a su mejor amigo, David.

Hoy en día, la cultura occidental suele priorizar el amor
romántico sobre el resto de las relaciones. El amor y la fidelidad de las amistades a menudo quedan relegados, como si
fuera un premio de consuelo en la lotería del amor. Esta idea
habría sido muy extraña en los tiempos bíblicos. En el mundo antiguo, los valores del compromiso y la devoción estaban
casi invertidos. La amistad solía considerarse el tipo de relación más importante, y el amor romántico ocupaba un lejano
segundo puesto. En aquellos días, el matrimonio consistía, en
gran parte, en una obligación, pero la amistad era una elec-
ción. En el mundo antiguo, muchos apreciaban más la amistad
que el matrimonio porque su cultura consideraba al matrimonio como un acuerdo jurídico relacionado con la transferencia

de bienes y activos. En la amistad de David y Jonatán, vemos a dos personas que se comprometen a defenderse en medio de circunstancias muy complicadas, y no lo hicieron porque estaban obligados, sino porque eligieron hacerlo.

El príncipe y el mendigo

David y Jonatán crecieron en mundos muy distintos. El padre de Jonatán era el rey de Israel y él fue criado como un príncipe. Se esperaba que Jonatán sucediera a su padre como rey algún día y, una vez que llegamos a conocerle, vemos cómo contrasta con su indeciso y vanidoso padre. En el comienzo de 1 Samuel 13, se menciona cómo Jonatán llevó a los hombres a la batalla bajo la guía de Saúl. Sin embargo, la primera presentación profunda de Jonatán ocurre luego de que Saúl desobedeciera las órdenes de Dios y Dios lo reprendiera.

Saúl estaba reacio a atacar a los filisteos porque sabía que estaban mejor armados que sus seiscientos hombres. (1 Samuel 13:19-22 revela que los israelitas debían recurrir a los filisteos para hallar herreros que afilaran sus armas). Las Escrituras nos dicen que Saúl estaba bajo un granado (1 Samuel 14:2), pero Jonatán estaba ansioso por enfrentarse a los filisteos. Jonatán era un guerrero con experiencia y un arquero talentoso (2 Samuel 1:22). Como su padre dudaba y vacilaba, Jonatán decidió acercarse sigilosamente al territorio filisteo junto con su escudero y dar un ataque sorpresa. Iban juntos por un camino entre dos peligrosos acantilados cuando Jonatán le pidió al Señor una señal para saber cómo seguir. Una vez que recibieron la guía, los dos hombres aniquilaron a los filisteos que los habían desafiado a acercarse para recibir "una lección" (1 Samuel 14:12). La experiencia nos muestra tanto la valentía como la humildad de Jonatán para buscar la sabiduría y el favor de Dios.

No cabe duda de que el comienzo de la vida de David fue diferente, pero podemos ver paralelismos con la valentía de Jonatán. Al parecer, el padre de David, Isaí, era un granjero próspero, pero un granjero no es un rey. Como David era el hijo menor, seguramente tenía muchas tareas porque ocupaba el escalón más bajo en la jerarquía familiar. Durante la mayor parte de su juventud, fue pastor y vivió en las laderas cuidando los rebaños de su padre. Cuidar los rebaños era una tarea importante, ya que gran parte de la riqueza de la familia estaba relacionada con ellos, pero también era un trabajo peligroso y solitario, alejado del centro de la acción.

En esos campos se escondió David, visible a simple vista, cuando Dios ordenó a Samuel que buscara el nuevo rey de Israel. Samuel fue enviado a Isaí y evaluó a sus hijos, uno por uno. El Señor le dijo que ninguno de estos candidatos era el elegido. Por último, llamaron a David y, sin demora, Dios le dijo a Samuel que el menor de los hijos de Isaí era el escogido.

Samuel tomó el cuerno de aceite y ungió al joven en presencia de sus hermanos. Entonces el Espíritu del Señor vino con poder sobre David, y desde ese día estuvo con él. Luego Samuel regresó a Ramá.

1 Samuel 16:13

Poco tiempo después, Saúl estaba atormentado y pidió a sus criados que buscaran a alguien para que tocara música relajante. Encontraron a David, que comenzó a ir habitualmente al palacio. Es muy probable que los caminos de David y Jonatán se hayan cruzado durante ese período, pero la primera vez que vemos un encuentro formal entre los dos es en el valle de Elá. Allí fue donde Saúl y sus hombres acamparon para esperar la batalla con los filisteos y su campeón, Goliat.

En 1 Samuel 17, encontramos la emocionante historia de la insistencia de David respecto de que él, un joven luchador sin entrenamiento formal, debía enfrentar a Goliat, que medía casi diez pies de alto. Incluso cuando el rey Saúl intentó convencerlo para que no lo hiciera, David argumentó a su favor hablando sobre los animales salvajes que había matado con sus propias manos mientras cuidaba los rebaños de su padre. Habiendo dejado atrás a las objeciones y los opositores, David se paró frente a Goliat.

David contestó:

—Tú vienes contra mí con espada, lanza y jabalina, pero yo vengo a ti en el nombre del Señor de los Ejércitos, el Dios de los escuadrones de Israel, a quien has desafiado. Hoy mismo el Señor te entregará en mis manos; y yo te mataré y te cortaré la cabeza. Hoy mismo echaré los cadáveres del ejército filisteo a las aves del cielo y a las fieras del campo, y todo el mundo sabrá que hay un Dios en Israel. Todos los que están aquí reconocerán que el Señor salva sin necesidad de espada ni de lanza. La batalla es del Señor y él los entregará a ustedes en nuestras manos.

1 Samuel 17:45-47

Al igual que Jonatán, David fue directo a la batalla confiando que Dios lo guiaría y lo protegería. Mató a Goliat y, luego, Saúl lo llamó.

Una vez que David y Saúl terminaron de hablar, Jonatán entabló con David una amistad entrañable y llegó a quererlo como a sí mismo. Saúl, por su parte, tomó a David a su servicio y, desde ese día, no lo dejó volver a la casa de su padre. Jonatán hizo un pacto con David, porque lo quería como a sí mismo. Jonatán se quitó el manto que llevaba puesto y se lo dio a David; también le dio su túnica y aun su espada, su arco y su cinturón.

1 Samuel 18:1-4

Como era el hijo mayor del rey, se suponía que Jonatán era el siguiente en la línea de sucesión al trono. Pero, en vez de ver a David como una amenaza para Saúl o para sí mismo, Jonatán formó una alianza inmediata con este joven guerrero. Ninguno de los dos había querido esperar a que Saúl actuara cuando los filisteos los amenazaron. Ambos habían confiado en el Señor y atacado. ¿Habrá visto Jonatán la unción de Dios sobre David? En todo caso, su vínculo se formó rápidamente y fue duradero.

¿Tienes una amistad en la que hayas sentido la conexión de inmediato? A veces tenemos esos momentos en la vida en que pensamos: "Esta persona me entiende y yo la entiendo". Hace algunos años, cuando empecé a trabajar como periodista y presentadora en Washington D. C., me pusieron en pareja con alguien a quien no conocería hasta que regresara de su licencia por maternidad. Desde el instante en que nos conocimos, Eun y yo descubrimos que éramos prácticamente el mismo ser humano dividido en dos cuerpos. Nos divertimos tanto desde el primer día que nuestros directores nos reprendían constantemente, porque tenían miedo de que apareciéramos inmersas en un debate sobre un *reality show* una vez que el programa de noticias *real* regresara de comerciales. Nos unió nuestro amor por Jesús, las revistas de moda y la comida chatarra. No fue necesario romper el hielo. No logro recordar un momento en que no la haya considerado una hermana. A menudo bromeaba diciendo que nos habían separado al nacer, algo que provocaba mucha confusión en las redes sociales, dado que ella es coreana-americana y yo claramente no lo soy.

Jonatán y David forjaron una amistad profunda en circunstancias muy diferentes; sin embargo, así como yo haría cualquier cosa por Eun, y sé que ella haría cualquier cosa por mí, estos dos amigos se comprometieron para toda la vida. En los años siguientes, Saúl se volvió cada vez más celoso de David, mientras que Jonatán admiraba y respetaba cada vez más a su amigo fiel. Cuando Saúl se volvió en contra de David, la amistad de Jonatán y David le salvó la vida. Como David sobrevivió, pudo convertirse en rey de Israel y en el antepasado de Cristo. Eso quiere decir que uno de los motivos por los cuales tú y yo somos cristianos es la fiel amistad de David y Jonatán.

Algunas de las expresiones que se usan en la Biblia para describir la amistad de David y Jonatán pueden parecernos inusuales. ¿Qué quiere decir que "el alma de Jonatán quedó ligada con la de David"? En hebreo, el verbo *kashar* (o *qashar*) significa unir o ligar, y la frase dice literalmente que "el alma de Jonatán quedó ligada con la de David". Es interesante que no diga que "*él* ligó su alma a la de David". Esta unión fue algo que *les ocurrió* a ellos. Este es el mismo verbo que aparece en Deuteronomio, cuando Moisés dijo a los hijos de Israel: "Grábense estas palabras en el corazón y en la mente, *átenlas* en sus manos como un signo y llévenlas en su frente como una marca" (Deuteronomio 11:18). El alma de Jonatán estaba ligada a la de David, al igual que las palabras de Dios estaban ligadas a los hijos de Israel, lo que nos dice algo acerca de la santidad y la profundidad de su amistad.

Dios mismo tiene una amistad con cada uno de nosotros, como creyentes. La relación de Abraham con Dios representa el antiguo pacto. Santiago 2:23b nos dice: "y fue llamado amigo de Dios". Jesús se unió unos siglos después en el nuevo pacto.

> Ya no los llamo siervos, porque el siervo no está al tanto de lo que hace su amo; los he llamado amigos, porque todo lo que a mi Padre le oí decir se lo he dado a conocer a ustedes.
>
> Juan 15:15

¡No hay manera de que tengamos mejor aliado ni mejor amigo!

Después del triunfo de David sobre Goliat, Saúl mantuvo a David cerca y no le permitió regresar a su hogar. ¿Habrá pensado Saúl en honrar a David y adoptarlo como príncipe en su casa? ¿O ya lo habrá considerado (erróneamente) como una amenaza que debía controlar? Independientemente de la motivación de Saúl, pronto vemos que "cualquier encargo que David recibía de Saúl, lo cumplía con éxito, de modo que Saúl lo puso al mando de todo su ejército" (1 Samuel 18:5). ¿Habrá estado indeciso sobre David y su papel en el reino? Enseguida obtenemos una respuesta.

> Ahora bien, cuando el ejército regresó, después de haber matado David al filisteo, de todos los pueblos de Israel salían mujeres a recibir al rey Saúl. Al son de liras y panderos, cantaban y bailaban, y exclamaban con gran regocijo: "Saúl mató a sus miles, pero David, a sus diez miles". Disgustado por lo que decían, Saúl se enfureció y protestó: "A David le dan crédito por diez miles, pero a mí por miles. ¡Lo único que falta es que le den el reino!". Y a partir de esa ocasión, Saúl empezó a mirar a David con recelo.
>
> 1 Samuel 18:6-9

Aunque había celos en el corazón de Saúl, Jonatán no sentía nada de eso. Una y otra vez, veremos cómo se renueva su pacto de amistad desinteresada.

Pacificación

Saúl no se conformaba solo con vigilar a David. El rey intentó usar a su hija como peón en sus planes psicóticos para dañarlo. Saúl sabía que su hija, Mical, estaba enamorada de David y vio una oportunidad.

> ... y pensó: "Se la entregaré a él, como una trampa para que caiga en manos de los filisteos".
> 1 Samuel 18:21a

Luego, Saúl le dio a David lo que él entendía como una sentencia de muerte: ve a matar a cien filisteos a cambio de la mano de mi hija. En lugar de eso, David y sus hombres mataron a doscientos filisteos. Saúl sabía que estaba en problemas.

> Saúl se dio cuenta de que, en efecto, el Señor estaba con David y de que su hija Mical lo amaba. Por eso aumentó el temor que Saúl sentía por David y se convirtió en su enemigo por el resto de su vida.
> 1 Samuel 18:28-29

Saúl pensó activamente no solo en maneras de marginar a David, sino también de matarlo. Eso forzó al hijo del rey a tomar partido.

> Saúl ordenó a su hijo Jonatán y a todos sus funcionarios que mataran a David. Pero, como Jonatán le tenía tanto

afecto a David, le advirtió: "Mi padre Saúl está buscando una oportunidad para matarte. Así que ten mucho cuidado mañana; escóndete en algún sitio seguro y quédate allí. Yo saldré con mi padre al campo donde tú estés y le hablaré de ti. Cuando averigüe lo que pasa, te lo haré saber".

Jonatán habló a su padre Saúl en favor de David:

—¡No vaya Su Majestad a pecar contra su siervo David! —rogó—. Él no le ha hecho ningún mal; al contrario, lo que ha hecho ha sido de gran beneficio para usted. Para matar al filisteo arriesgó su propia vida y el Señor dio una gran victoria a todo Israel. Usted mismo lo vio y se alegró. ¿Por qué ha de pecar contra un inocente y matar a David sin motivo?

1 Samuel 19:1-5

Jonatán intentó defender a su amigo e hizo algo comprensible: trató de reconciliar a las que probablemente hayan sido las dos personas más importantes en su vida. En lugar de idear un plan de escape para David, Jonatán intentó encontrar una manera segura de que se quedara en el palacio del rey. La redacción original del texto que dice que Jonatán le tenía mucho afecto a David hace referencia a deleitarse en alguien. Cuando Caleb y Josué exhortaban al pueblo de Israel a animarse, dijeron: "Si el Señor se agrada de nosotros, nos hará entrar en ella. ¡Nos va a dar una tierra donde abundan la leche y la miel!" (Números 14:8). El verso que se usa para indicar que Dios se agradaba de ellos es el mismo verbo que se usa para hacer referencia al vínculo de Jonatán y su amigo. Es una palabra que está relacionada con el *gozo* que hay en el núcleo de una amistad y en el bienestar que sentimos con los recuerdos compartidos y el tiempo juntos.

En esta conversación con su padre, Jonatán fue un ejemplo de cómo debemos abogar por nuestros amigos. ¿Somos defensores apasionados y comprometidos que levantan la voz por ellos? Si la situación se pone incómoda, ¿cerramos la boca o defendemos a nuestros seres queridos con valentía? Jonatán demostró una defensa apasionada, en particular cuando David no estaba allí para defenderse.

Jonatán logró persuadir a su padre por un tiempo. Saúl juró: "Tan cierto como que el Señor vive, David no morirá" (1 Samuel 19:6) y Jonatán quedó satisfecho. Como estaba contento por haber restaurado la paz en el palacio, Jonatán le contó a David todo lo que habían conversado. Jonatán llamó a su amigo amado a la presencia de su padre "para que estuviera a su servicio como antes".

Separación

Lamentablemente, la victoria de Jonatán fue efímera. Enseguida, su padre recayó en la locura y la ira homicida, lleno de celos por las hazañas militares de David. Esta vez, puso sus intenciones asesinas en acción, y David apenas logró escapar. Primero, Saúl intentó clavarlo en la pared con una lanza (1 Samuel 19:9-10) y, luego, envió a sus hombres a la casa de David con la orden de matarlo. Mical, la esposa de David y hermana de Jonatán, ideó un plan y mandó a su esposo a la fuga. David se escondió con el profeta Samuel, quien lo había ungido, y una vez más Saúl envió a sus hombres detrás de ellos. Saúl mandó a sus hombres varias veces, pero en cada oportunidad el Espíritu de Dios venía sobre ellos. Por último, Saúl mismo fue en busca de David, ¡y el Espíritu de Dios también vino sobre él!

Poco después, David estaba huyendo de nuevo y logró llegar a su confidente más cercano, Jonatán. David le suplicó a Jonatán que le dijera qué había hecho él contra Saúl y le preguntó por qué estaba determinado a matarlo.

—¿Morir tú? ¡De ninguna manera! —respondió Jonatán—. Mi padre no hace nada, por insignificante que sea, sin que me lo diga. ¿Por qué me lo habría de ocultar? ¡Eso no es posible!

Pero David juró y perjuró:

—Tu padre sabe muy bien que tú me estimas, así que seguramente habrá pensado: "Jonatán no debe enterarse, para que no se disguste". Pero tan cierto como que el Señor y tú viven, te aseguro que estoy a un paso de la muerte.

1 Samuel 20:2-3

Según parece, a Jonatán le costó aceptar que su padre, el rey de Israel, realmente estaba intentando matar a su mejor amigo. David tuvo que presentarle a Jonatán una verdad desagradable: que Saúl sabía cuán cercanos eran y que tendría sentido que le haya escondido sus intenciones. Jonatán no cuestionó a David ni lo trató como si fuera un mentiroso. En cambio, solo dijo: "Dime qué quieres que haga y lo haré" (1 Samuel 20:4).

A continuación, los dos hombres idearon un plan complejo que haría que Jonatán tuviera que presionar a su padre para que le diera información sobre sus intenciones con David. Una vez más, vemos el compromiso inquebrantable de la amistad cuando David abre su corazón con Jonatán.

Ya que en presencia del Señor has hecho un pacto conmigo, que soy tu servidor, te ruego que me seas leal. Si me consideras culpable, no hace falta que me entregues a tu padre; ¡mátame tú mismo!

—¡No digas tal cosa! —exclamó Jonatán—. Si llegara a enterarme de que mi padre ha decidido hacerte algún daño, ¿no crees que te lo diría?

1 Samuel 20:8-9

Jonatán pensó en una manera de enviar un mensaje a David por medio de flechas que lanzaría después de haber hablado con Saúl. Estaba dispuesto a desautorizar a su propio padre maníaco para salvar a su mejor amigo y honrar su pacto. Luego, le pidió a David protección para él y su familia de una manera que hace pensar que ya imaginaba a su querido amigo como un futuro rey.

> Y si todavía estoy vivo cuando el Señor te muestre su bondad, te pido que también tú seas bondadoso conmigo y no dejes que me maten. ¡Nunca dejes de ser bondadoso con mi familia, aun cuando el Señor borre de la faz de la tierra a todos tus enemigos!
> 1 Samuel 20:14-15

Antes de implementar su plan, reafirmaron el pacto que tenían entre sí, independientemente del resultado. Aquí vemos una de las afirmaciones de amistad más hermosas de la Biblia:

> ¡Que el Señor pida cuentas de esto a tus enemigos!
> De ese modo Jonatán hizo un pacto con la familia de David, pues quería a David como a sí mismo. Por ese cariño que le tenía, pidió a David confirmar el pacto bajo juramento.
> 1 Samuel 20:16-17

Y no fue necesario que pasara mucho tiempo para poner el pacto a prueba. En otro intento de Jonatán por proteger a David de la ira de Saúl, descubrimos la amarga verdad de la boca del rey.

178 LAS HISTORIAS DE AMOR DE LA BIBLIA NOS HABLAN

Al oír esto, Saúl se enfureció con Jonatán.

—¡Hijo de mala madre! —exclamó—. ¿Crees que no sé
que eres muy amigo del hijo de Isaí, para vergüenza tuya
y de tu desgraciada madre? Mientras el hijo de Isaí viva en
esta tierra, ¡ni tú ni tu reino estarán seguros! Así que man-
da a buscarlo y tráemelo, pues está condenado a morir.

1 Samuel 20:30-31

En pocas palabras, apoyar a David significaba que Jonatán renunciaba al trono. Pero Jonatán no se inmutaba por eso.
Como era un hombre piadoso, había aceptado la palabra de
Dios mucho tiempo atrás. Jonatán, a diferencia de su padre,
sabía que Dios quitaría el trono de la casa de Saúl.

—¿Y por qué ha de morir? —reclamó Jonatán—. ¿Qué mal
ha hecho?

Por toda respuesta, Saúl le arrojó su lanza para herir-
lo. Así Jonatán se convenció de que su padre estaba decidido a matar a David.

1 Samuel 20:32-33

Saúl no actuaba por amor hacia su familia, sino por enojo avivado por su propio orgullo. Él también había escogido
un bando, y no era el de su hijo. Jonatán se levantó de la mesa
con enojo y aflicción. Por la mañana, lanzaría flechas para enviar una advertencia a David.

Como ya le había anunciado a David que no estaba a salvo, podrían haberse separado sin despedirse. Pero David no
podía soportar irse sin haberle agradecido a su mejor amigo,
la persona a quien le había confiado la vida. Entonces, David
salió de su escondite.

... David salió de su escondite y luego se postró tres veces con su rostro en tierra. Enseguida se besaron y lloraron juntos, hasta que David se desahogó.

"Puedes irte tranquilo —dijo Jonatán a David—, pues los dos hemos hecho un juramento eterno en nombre del Señor, pidiéndole que juzgue entre tú y yo, y entre tus descendientes y los míos". Así que David se fue y Jonatán regresó a la ciudad.

1 Samuel 20:41-42

David se postró ante Jonatán porque lo abrumaba la gratitud por lo que acababa de hacer y por lo que Jonatán había arriesgado por él, así como la honra hacia su príncipe amigo.

David sería el objetivo de Saúl una y otra vez. El rey enviaba a sus hombres, y a veces iba él mismo, en busca del hombre al que quería matar. Jonatán siguió con su compromiso fiel.

Estando David en Hores, en el desierto de Zif, se enteró de que Saúl había salido en su búsqueda con la intención de matarlo. Jonatán, hijo de Saúl, fue a ver a David en Hores y lo animó a seguir confiando en Dios. "No tengas miedo —dijo—, que mi padre no podrá atraparte. Tú vas a ser el rey de Israel y yo seré el segundo al mando. Esto, hasta mi padre lo sabe". Entonces los dos hicieron un pacto en presencia del Señor, después de lo cual Jonatán regresó a su casa y David se quedó en Hores.

1 Samuel 23:15-18

También hubo varias ocasiones en las que David tuvo la oportunidad de matar a Saúl, pero se negó a lastimar al hombre a quien el Señor había elegido rey.

Finalmente, fueron los filisteos quienes mataron a Jonatán. A Saúl lo mataron después de intentar suicidarse, y de pedirle a otro hombre que pusiera fin a su miseria. David no celebró, sino que los elogió con cantos y lamentó las muertes.

> ¡Jamás volvía el arco de Jonatán
> sin haberse saciado con la sangre de los heridos
> ni regresaba la espada de Saúl
> sin haberse hartado con la grasa de sus oponentes!
> ¡Saúl! ¡Jonatán!
> Fueron amados y admirados,
> y en la vida y en la muerte, inseparables.
> Más veloces eran que las águilas
> y más fuertes que los leones.
> 2 Samuel 1:22-23

La belleza de la canción de David nos recuerda cómo había conocido él a Saúl y a Jonatán: como un joven que tocaba música cuando Saúl estaba profundamente afligido. En primer lugar, el don musical de David lo había acercado a Saúl y Jonatán, y fue por medio de este don musical que David los honró luego de su muerte. Recién al final del lamento, David habla acerca de su amigo Jonatán en vez del príncipe Jonatán, y estos versículos son algunos de los más desgarradores y hermosos de toda las Escrituras:

> Angustia tengo por ti, hermano mío Jonatán,
> Que me fuiste muy dulce.
> Más maravilloso me fue tu amor
> Que el amor de las mujeres.
> ¡Cómo han caído los valientes,
> Han perecido las armas de guerra!
> 2 Samuel 1:26-27 RVR60

En hebreo, la palabra que usa David para describir este amor es *ahavah* o *ahabah*. Se trata de una palabra poderosa empleada para describir el amor de Dios por nosotros (Isaías 43:4) y el amor de Abraham por su hijo Isaac (Génesis 22:3), entre otros ejemplos en el Antiguo Testamento. David también usa la palabra "maravilloso", que suele emplearse en el contexto de la obra salvadora y milagrosa de Dios. Es la palabra que se usa para describir las *maravillas* que Dios haría para herir a Egipto en Éxodo 3:20. La vemos de nuevo cuando Josué anuncia las *maravillas* que Dios haría por su pueblo, como abrir el río Jordán (Josué 3:5). Tómate un momento para pensar en esto: David asemejó su amistad con Jonatán a los milagros más impresionantes de Dios. Él es el Dios que hace maravillas, incluido el valioso regalo de un amigo amado.

David nunca olvidó el pacto que había hecho con Jonatán, ni siquiera mucho tiempo después de haber perdido a su fiel amigo y habiéndose convertido en rey. Como rey, David rompió las reglas de esa época cuando decidió honrar la casa de Saúl, el hombre que había intentado matarlo una y otra vez. La costumbre era que los reyes nuevos borraran la familia y el legado del rey anterior. En cambio, vemos misericordia y un recordatorio concreto del pacto duradero de la amistad entre Jonatán y David.

El rey David averiguó si había alguien de la familia de Saúl a quien pudiera beneficiar en memoria de Jonatán y, como la familia de Saúl había tenido un administrador que se llamaba Siba, mandaron por él. Cuando Siba se presentó ante el rey David, este preguntó:

—¿Tú eres Siba?

—A sus órdenes —respondió.

2 Samuel 9:1-2

Nadie se atrevería a culpar a Siba por haber estado inquieto ante las preguntas del rey David. Como verás en un instante, los descendientes y las personas relacionadas con Saúl se habían escondido después de su muerte, probablemente durante varios años. Habían huido porque sabían que las reglas de esa época podían implicarles una sentencia de muerte.

Pero David jamás rompería el pacto que había hecho con Jonatán. De hecho, estaba buscando la manera de cumplir sus promesas.

—¿No queda nadie de la familia de Saúl a quien yo pueda beneficiar en el nombre de Dios? —volvió a preguntar el rey.

—Sí, todavía le queda a Jonatán un hijo que está tullido de ambos pies —le respondió Siba al rey.

—¿Y dónde está?

—En Lo Debar; vive en casa de Maquir, hijo de Amiel.

2 Samuel 9:3-4

Hay muchos detalles fascinantes en este intercambio. En primer lugar, la historia de cómo el hijo de Jonatán había quedado tullido. Encontramos la respuesta en 2 Samuel 4, cuando el niño de cinco años fue cargado para huir ante la noticia de la muerte de su padre y su abuelo.

... su nodriza lo cargó para huir; pero con el apuro, se le cayó y por eso quedó cojo.

2 Samuel 4:4b

Y, aunque David y Jonatán habían sido cercanos, parece que el rey no tenía la menor idea de que este hijo de Jonatán seguía vivo. El hijo de Jonatán había sido el nieto del rey, pero ahora se escondía en la casa de alguien más y estaba bajo el cuidado de Maquir. Si adelantas unos capítulos, verás que Maquir era un fiel adepto del rey David cuando luchaba por su vida, en el sentido político y literal de la palabra (2 Samuel 17:27-29). La vida de Mefiboset estaba a punto de cambiar.

David hizo que trajeran al hijo de Jonatán al palacio. ¿Qué habrá pensado cuando lo llamaron? ¿Habrá conocido Mefiboset el vínculo inquebrantable que había entre su padre y el rey? ¿Habrá escuchado las historias sobre los intentos de Saúl por asesinar a David? No sabemos cuáles eran los miedos o las preguntas de Mefiboset, pero sabemos que se calmaron rápidamente cuando estuvo en presencia de David y se inclinó ante él.

—¿Tú eres Mefiboset? —preguntó David.

—A sus órdenes —respondió él.

—No temas, pues en memoria de tu padre Jonatán he decidido beneficiarte. Voy a devolverte todas las tierras que pertenecían a tu abuelo Saúl y de ahora en adelante te sentarás a mi mesa.

Mefiboset se postró y dijo:

—¿Y quién es este siervo suyo para que usted se fije en él? ¡Si no valgo más que un perro muerto!

2 Samuel 9:6b-8

David no solo aceptó a Mefiboset, sino que lo restauró. El rey no solo le dio al hijo de Jonatán todas las tierras que pertenecían a Saúl, sino que en los siguientes versículos vemos que David asignó sirvientes para que trabajaran la tierra de manera que le trajera grandes beneficios a Mefiboset. Y sí, Mefiboset se sentó a la mesa del rey David, es decir que era tratado como uno de los hijos del rey. El pacto de la amistad de David y Jonatán duró toda la vida.

Vivimos en un mundo que nos dice de manera constante que el amor romántico es el ideal supremo y, a menudo, sugiere que las otras relaciones, como las amistades, son inferiores. Tan solo basta con mirar las revistas en la librería para ver cuántas están dedicadas a las novias y al matrimonio. Hay una "industria nupcial" en auge, pero no vemos una "industria de la amistad". Si quieres, puedes reírte, ¡pero yo la apoyaría! Poner a alguien en la "zona de la amistad" (*friend zone*) se ve como algo negativo, pero piensa en todo lo que nuestra cultura se pierde al insinuar que el romance es la única manera valiosa de tener una conexión con otra persona.

Mis amigas son un verdadero gozo y un tesoro en mi vida. Juntas, hemos celebrado nuestras victorias y hemos llorado por nuestras pérdidas. Nos hemos defendido cuando alguien más nos atacaba. Hemos compartido secretos, esperanzas, sueños y hemos guardado muchas conversaciones con el "cono del silencio". Mi vida es mucho más valiosa gracias a estas confidentes y animadoras. No puedo imaginar el vacío que habría en mi vida y en mi corazón sin ellas. Al darnos el ejemplo de David y Jonatán, la Biblia nos llama a honrar el amor de la amistad. La Biblia nos invita a reconocer el milagro maravilloso del amor de una amistad verdadera y comprometida.

Oración: Señor, Tú nos bendices con el milagro de la amistad. Ayúdanos a recordar que debemos celebrarla y atesorarla. Abre nuestro corazón y nuestra mente a la conexión de la compañía. Que aprendamos a ser confidentes seguros para los demás, así como Tú eres nuestro amigo fiel. Incítanos a ponerte a ti y a tu maravilloso amor en el centro de nuestras amistades.

Sadrac, Mesac y Abednego

(DANIEL 1-3, SALMOS 137,
JEREMÍAS 29:1-11)

La amistad en el fuego

Esta historia siempre me ha inspirado y desafiado, y me recuerda el poder de la comunidad y la amistad en medio de las tormentas más huracanadas de la vida. En el libro de Daniel, nos encontramos con un grupo de amigos que fue puesto en una situación aterradora que pondría a prueba todo lo relacionado con su vida y su fe. Al estar despojados de su familia y su hogar, estos hombres tenían a Dios y se tenían el uno al otro. No me cabe duda de que Él los juntó para que fueran un grupo de testigos valientes y dispuestos a enfrentarse incluso a la muerte para honrar a Dios. ¡Qué tesoro nos da Dios cuando nos bendice con hermanos y hermanas valientes que se comprometen a permanecer unidos cuando llegan las pruebas!

El libro de Daniel se desarrolla después de que el rey Nabucodonosor de Babilonia sitiara Jerusalén. Esto sucedió más de una vez. Nabucodonosor conquistó Israel por medio de tres ataques: invadió Jerusalén por primera vez en el año 605 a. C. y, luego, la atacó dos veces más. Se llevó cautivos a miles de israelitas. Finalmente, destruyó el templo y dejó Jerusalén en ruinas tras su último sitio en el año 586 a. C. Las invasiones de

Babilonia fueron traumáticas para el pueblo de Dios. No solo fueron separados a la fuerza de su patria, sino que el templo de Jerusalén —el lugar principal de culto de los judíos, que representaba la presencia de Dios entre su pueblo— fue demolido. Deben haber sentido que Dios los había abandonado.

En Salmos 137, vemos la desolación que experimentó el pueblo judío ante este acontecimiento. Describe la aflicción de una manera aterradora:

> Junto a los ríos de Babilonia nos sentábamos
> y llorábamos al acordarnos de Sion.
> En los álamos que allí había
> colgábamos nuestras arpas.
> Allí, los que nos tenían cautivos nos pedían que entonáramos canciones;
> nuestros opresores nos pedían estar alegres;
> nos decían: "¡Cántennos un cántico de Sion!".
> ¿Cómo cantar las canciones del Señor
> en una tierra extraña?
> Si me olvido de ti, Jerusalén,
> ¡que mi mano derecha pierda su destreza!
> Si de ti no me acordara
> ni te pusiera por encima de mi propia alegría,
> ¡que la lengua se me pegue al paladar!
> Salmos 137:1-6

Durante este periodo del exilio babilónico, el pueblo judío se vio obligado a encontrar nuevas maneras de conectarse con su fe sin un templo y fuera de la tierra prometida. Aún atesoraban las palabras de Dios, que adquirieron una nueva importancia durante los setenta años que estuvieron en el exilio en Babilonia. Pasaron varias décadas hasta que pudieron regresar a su hogar, a las preciadas tradiciones y a la seguridad que conocían.

Los exiliados judíos que finalmente regresaron a Jerusalén llevaron consigo relatos de sus vivencias en Babilonia, narraciones de los héroes y los maestros de la fe que los habían mantenido en pie durante ese período de pruebas dolorosas. Dios no se había olvidado de su pueblo durante esos años; había hablado poderosamente al profeta Ezequiel, quien profetizó que un día los "huesos secos" de la casa de Israel se levantarían de nuevo y se convertirían en un pueblo nuevo y resucitado. Dios había hablado al profeta Daniel y había rescatado a sus tres amigos, Sadrac, Mesac y Abednego, de una orden de ejecución firmada por Nabucodonosor. Esta es una victoria del Dios de Israel que su pueblo jamás olvidaría.

Y, aunque en todas las historias y canciones que he oído sobre estos tres hombres se usan esos nombres, ellos nunca se llamaron a sí mismos Sadrac, Mesac y Abednego. Eran judíos y llevaban con orgullo sus nombres judíos: Ananías, Misael y Azarías. Ananías significa "la gracia de Dios", Azarías significa "la ayuda de Dios" y Misael significa "¿quién es como el Poderoso?". Estos jóvenes recibieron nombres babilónicos cuando los sacaron de su hogar y los llevaron por la fuerza a servir al rey. Parte del plan de Nabucodonosor para subyugar al pueblo de Israel era impedir que enseñaran la lengua, la cultura y la religión judías a los más jóvenes. Habiendo atacado a Israel y habiéndose llevado algunos de los objetos del templo a Babilonia, Nabucodonosor ordenó que también se llevaran consigo a algunos israelitas.

Además, el rey ordenó a Aspenaz, jefe de los oficiales de su corte, que llevara a su presencia a algunos de los israelitas pertenecientes a la familia real y a la nobleza. Debían

ser jóvenes apuestos y sin ningún defecto físico, que tuvieran aptitudes para aprender de todo y que actuaran con
sensatez; jóvenes sabios y aptos para el servicio en el palacio real...
Daniel 1:3-4a

Había un método para cumplir con las locuras que pedía
el rey. Los mejores de Israel, habiendo sido desarraigados y
llevados a una tierra extranjera, debían ser sumergidos en la
lengua y la literatura babilónicas. También se les asignó una
porción diaria de comida y vino de la mesa del rey, algo muy
alejado de aquello a lo que una persona promedio podía acce-
der. Daniel 1:5 dice que los hombres debían someterse a tres
años completos de capacitación y, luego, ser asignados al servicio del rey. Como parte del esfuerzo por destruir su identidad y convertirlos en súbditos leales, los hombres recibieron
nuevos nombres: Sadrac en lugar de Ananías, Mesac en lugar
de Misael y Abednego en lugar de Azarías. A Daniel también
se le dio un nuevo nombre —Beltsasar— y Nabucodonosor
explica en Daniel 4:8 que lo llamaron así "en honor a mi dios".

Presta atención a los tres aspectos en los que se centró la
formación real: la lengua, la literatura y la comida. Todo lo que
los hacía distintivamente judíos debía desaparecer. Ya no ha-
blaban en hebreo, lo que quizás implicaba que no podían orar
en hebreo ni conversar con otros judíos en hebreo. Debían
leer literatura babilónica, lo que quizás significaba que no tenían tanto tiempo para leer las Escrituras. Por último, debían
comer y beber tan solo lo que el rey les asignara. Para nosotros, esto puede parecer raro y poco práctico, pero era mucho
más importante en ese contexto. Para el pueblo judío, la comida era —y es— una de las principales maneras de obedecer los
mandamientos de Dios, siguiendo las leyes dietéticas *kosher*

establecidas en el libro de Levítico y en otras partes. Eso significaba que solo podían comer carne y vino preparados de determinada manera y, desde luego, no podían comer nada que hubiera sido ofrecido a dioses extranjeros o que hubiera sido "bendecido" por estos. Al negarles a estos jóvenes la comida *kosher*, los babilonios les negaban la posibilidad de adorar y obedecer a Dios como Él les había ordenado.

¿No es esto algo que el enemigo intenta hacer en nuestro corazón y en nuestra mente hoy en día? Incluso si —quizás, en especial, si— creciste aprendiendo sobre la Biblia y caminando con Dios, el enemigo tratará de adormecer tus sentidos y desviar tu corazón. Sí, debemos vivir en el mundo. Allí es donde brillamos con la luz de Dios y trabajamos para expandir su reino. Es donde nos encontramos con las personas, en nuestro vecindario, nuestra escuela, nuestro trabajo e, incluso, en el supermercado, para compartir las buenas nuevas del amor incondicional de Dios por cada uno de ellos. Al enemigo le encanta distraernos con tentaciones mundanas, ¡y ni siquiera tienen que ser cosas malas! Pero, al alejarnos de los fundamentos y los principios de nuestra fe y tentarnos a reemplazarlos por ideas y comodidades modernas, intenta darnos un nuevo nombre y hacer que olvidemos la verdad. Nabucodonosor intentó hacer lo mismo con Daniel y sus amigos.

Daniel no tuvo miedo de mantenerse firme.

Pero Daniel decidió no contaminarse con la comida y el vino del rey, así que pidió permiso al oficial en jefe para no contaminarse.
Daniel 1:8

Mira cómo, antes de que Daniel pidiera permiso para desviarse de las órdenes del rey, ya había decidido no contaminarse. Y no estaba solo. ¡Qué increíble regalo de la gracia de Dios que tres amigos de Daniel se mantuvieran firmes junto a él! Esa no fue la única provisión divina de Dios para Daniel. Un versículo más adelante vemos lo siguiente: "Y Dios había hecho que se ganara el afecto y la simpatía del oficial en jefe" (Daniel 1:9). Aun así, ese hombre se preocupaba por lo que le pasaría a él si Daniel y sus amigos se veían demacrados. Pensaba que, si estaban en peor estado que los demás y se veían fuera de forma, el rey le cortaría la cabeza.

Entonces, Daniel le propuso una prueba de diez días para demostrarle al oficial que él y sus fieles amigos no sufrirían a causa de una alimentación a base de verduras y agua. Dios honró su fidelidad.

> Al cumplirse el plazo, estos jóvenes se veían más sanos y mejor alimentados que cualquiera de los que participaban de la comida real. Así que el guardia les retiró la comida y el vino del rey, en su lugar siguió alimentándolos con verduras.
>
> A estos cuatro jóvenes Dios los dotó de sabiduría e inteligencia para entender toda clase de literatura y ciencia. Además, Daniel podía entender toda visión y todo sueño. Daniel 1:15-17

Aquello que podríamos llamar "desobediencia civil" por parte de este valiente cuarteto dio frutos y vale la pena dedicar tiempo y atención para aprender de la *manera* en que resistieron. Estos jóvenes no podían cambiar la realidad ni las limitaciones de las circunstancias en las que estaban como prisioneros de Babilonia, pero sí podían cambiar la manera en que vivían en medio de esas circunstancias. Aquí hay una verdadera lección para nosotros. A menudo, no podemos escapar de donde estamos en la vida, pero podemos elegir cómo respondemos y manejamos la situación. Podemos aferrarnos a nuestra fe y a nuestro llamado, incluso cuando no podemos cambiar nada del mundo que nos rodea. Eso puede implicar negarnos a nosotros mismos. Sadrac, Mesac y Abednego deben haber echado de menos el sabor de la carne y del vino, pero sabían que era mucho mejor obedecer los mandamientos de Dios que ceder ante los lujos seductores de Babilonia.

Observa también las habilidades sobrenaturales que Dios otorgó a estos valientes jóvenes. Fue Dios, y no los babilonios, quien les concedió el conocimiento y el entendimiento. Dios recompensó su sacrificio, y toda la gloria fue para Él.

> Cumplido el plazo fijado por el rey Nabucodonosor, y conforme a sus instrucciones, el oficial en jefe los llevó ante su presencia. Luego de hablar el rey con Daniel, Ananías, Misael y Azarías, no encontró a nadie que los igualara, de modo que los cuatro entraron a su servicio. El rey los interrogó y, en todos los temas que requerían de sabiduría y discernimiento, los halló diez veces más inteligentes que todos los magos y hechiceros de su reino.
> Daniel 1:18-20

¡Diez veces más inteligentes! No era un concurso. Los cuatro amigos se habían convertido en sabios en la corte babilónica. Nunca abandonaron su fe, y Dios tampoco les pidió que abandonaran su llamado secular. Los puso en un lugar privilegiado y les dio los dones que necesitaban para servir a Dios desde ese lugar.

Las amistades crean una comunidad, que es una fuente de fuerzas. Es algo que extrañé muchísimo durante el largo período en que nuestras iglesias de la zona de Washington D. C., tuvieron que cerrar debido a la pandemia. Eché de menos cantar juntos, orar los unos por los otros y ver a mis amigos y a sus familias. Estoy segura de que muchos de los que leen este libro deben haber experimentado el dolor del aislamiento. Fue una situación desconcertante que me recordó que estamos diseñados para depender los unos de los otros.

¡Qué bendición que Daniel y sus amigos tuvieran el privilegio de permanecer juntos mientras les arrebataban los fundamentos de su vida! Juntos, Daniel y sus tres amigos presentaron un frente unido ante los oficiales reales y crearon una coalición. Aunque estaban lejos de Tierra Santa y del Templo, permanecieron cerca de Dios. Esta es una de las bendiciones especiales de la amistad: puede crear un lugar para que florezca nuestra fe, aunque el mundo esté en contra. Los amigos devotos nos recuerdan quiénes somos y de *quién* somos, incluso cuando el mundo nos tienta para que lo olvidemos.

Tiempos de tribulación

Daniel, Sadrac, Mesac y Abednego fueron catapultados dentro del reino, pero eso también los expuso al peligro cuando el rey se enfureció por algo que ellos no podían controlar. Nabucodonosor estaba perturbado por un sueño y, en vez de decirles a sus "magos, hechiceros, adivinos y astrólogos" qué había soñado, les ordenó a *ellos* que le dijeran a *él* lo que había soñado. Ellos argumentaron que ningún hombre podría hacerlo. Él respondió diciéndoles que los cortaría "en pedazos" y que sus casas serían reducidas "a cenizas" (Daniel 2:5). En aquellos días, la interpretación de los sueños era una parte fundamental del trabajo de los sabios o magos del rey. Cuando el rey insistió, los magos repitieron su razonamiento de que nadie podía saber lo que el rey había soñado.

Tanto enfureció al rey la respuesta de los astrólogos que mandó ejecutar a todos los sabios de Babilonia. Se publicó entonces un edicto que decretaba la muerte de todos los sabios, de modo que se ordenó la búsqueda de Daniel y de sus compañeros para que fueran ejecutados.

Daniel 2:12-13

El rey estaba tan furioso que su orden de ejecución incluía también a quienes había encontrado "diez veces más inteligentes" que todos los demás.

Cuando el comandante del ejército de Nabucodonosor fue a cumplir las órdenes de ejecución, "Daniel le habló con mucho tacto y sensatez" (Daniel 2:14b). Daniel pudo ir directamente al rey para hablar acerca del sueño, y luego regresó a su casa para idear una estrategia con sus amigos, un grupo de leales confidentes unidos por la fe.

Después volvió a su casa y contó a sus amigos Ananías, Misael y Azarías lo que sucedía. Y les pidió que imploraran misericordia al Dios del cielo sobre este misterio, para que él y sus amigos no fueran ejecutados con el resto de los sabios de Babilonia. Durante la noche, el misterio fue revelado a Daniel en visión.

Daniel 2:17-19a

Me encanta el hecho de que este pasaje nos muestre que Daniel y sus amigos seguían usando sus nombres judíos originales para hablar entre sí. A pesar de los intentos de despojarlos de su orgullo e identidad religiosos y culturales, se apoyaban los unos a los otros para mantenerse fieles a quienes eran realmente.

Estos amigos también se unieron en una oración ferviente por la misericordia y el discernimiento de Dios. Cristo resaltó el poder de los amigos que oran juntos en Mateo 18:

> Porque donde dos o tres se reúnen en mi nombre, allí estoy yo en medio de ellos.
> Mateo 18:20

Cuando Daniel tuvo que enfrentarse al desafío más complicado de su vida, cuando quizás solo le quedaban unas horas de vida, supo que lo más sensato era compartir esa carga con sus hermanos en la fe. Fue una decisión prudente. Dios honró sus oraciones compartidas y le reveló a Daniel todo lo que necesitaba saber.

Daniel no se llevó el crédito y ni siquiera se lo dio a sus fieles amigos, sino que dirigió toda la alabanza a Dios:

> ¡Alabado sea por siempre el nombre de Dios!
> Suyos son la sabiduría y el poder.
> Él cambia los tiempos y las épocas,
> pone y depone reyes.
> A los sabios da sabiduría
> y a los inteligentes, discernimiento.
> Él revela lo profundo y lo escondido,
> y sabe lo que se oculta en las sombras.
> ¡En él habita la luz!
> A ti, Dios de mis antepasados,
> te alabo y te doy gracias.
> Me has dado sabiduría y poder;
> me has dado a conocer lo que te pedimos.
> ¡Nos has dado a conocer el sueño del rey!
> Daniel 2:20-23

Observa que le agradece a Dios por "lo que te pedimos" y afirma "nos has dado a conocer". En ambos casos, usa el plural. Estos amigos estaban unidos. Ninguno quedó solo ante la sentencia de muerte.

Daniel fue delante del rey, y pudo decirle al rey qué había soñado e interpretar el sueño. Nabucodonosor estaba tan impresionado que "se postró" ante Daniel y "lo honró" (Daniel 2:46). Y eso no fue todo:

—¡Tu Dios es el Dios de dioses y el Soberano de los reyes! ¡Tu Dios revela todos los misterios, pues fuiste capaz de revelarme este sueño misterioso!

Luego el rey puso a Daniel en un puesto prominente y lo colmó de regalos; lo nombró gobernador de toda la provincia de Babilonia y jefe de todos sus sabios. Además, a solicitud de Daniel, el rey nombró a Sadrac, Mesac y Abednego administradores de la provincia de Babilonia. Daniel, por su parte, permaneció en la corte real.

Daniel 2:47-49

Estos devotos amigos se mantuvieron unidos una y otra vez cuando su vida corría peligro. Se comprometieron juntos a seguir los principios de Dios. Habían orado juntos y habían sido honrados tanto por Dios como por los hombres. Sin embargo, a pesar de sus éxitos y nuevos puestos, todavía no habían atravesado su mayor desafío.

La memoria de la realeza es breve, y el favor que el rey había concedido a los jóvenes estaba condicionado a la lealtad al rey por encima de todo lo demás. Los jóvenes judíos jamás aceptarían esta condición porque su compromiso era con el Dios de Israel por encima de todo lo demás. Y, cuando el rey Nabucodonosor decidió crear un ídolo gigante y ordenó que todos se inclinaran y adoraran la imagen cuando escucharan la música, estos queridos amigos tuvieron que tomar una decisión. Nabucodonosor no les ofreció una salida.

> Todo el que no se incline ante ella ni la adore será arrojado de inmediato a un horno en llamas.
> Daniel 3:6

No era un ídolo cualquiera; era una estatua de oro de unos sesenta codos de alto y seis de ancho, es decir, noventa pies de alto y nueve de ancho. ¡No era una estatua, sino un coloso! Todos se daban cuenta de que debían detenerse, postrarse y adorar a este ídolo cuando empezara la música.

¿Adivina quiénes se negaron a hacerlo? Así es. Y algunos de los consejeros del rey vieron la oportunidad perfecta para eliminar a los honorables hombres que el mismo rey había alabado y exaltado: Sadrac, Mesac y Abednego.

Al principio, elogiaron mucho al rey y apelaron a su orgullo, haciendo énfasis en lo que él había ordenado hacer a todos. Después, soltaron la bomba: *¡Hay personas que te desafían, rey!*

> Pero hay algunos judíos, a quienes ha puesto al frente de la provincia de Babilonia, que no acatan sus órdenes, Su Majestad. No adoran a los dioses de Su Majestad ni a la estatua de oro que mandó erigir. Se trata de Sadrac, Mesac y Abednego.
> Daniel 3:12

Como era de esperar, el rey enfureció. Llamó a los tres amigos, quienes tenían la confianza suficiente como para ocupar altos cargos políticos en su gobierno, y les ordenó que le dijeran si la acusación era cierta. Los amenazó de muerte si no acataban su orden:

De lo contrario, serán lanzados de inmediato a un horno en llamas. ¿Y qué dios podrá librarlos de mis manos?
Daniel 3:15b

Aunque no lo supiera, Nabucodonosor había preparado la oportunidad perfecta para que estos valientes amigos expresaran lo que pensaban.

Sadrac, Mesac y Abednego respondieron:
—Rey Nabucodonosor, no hace falta que nos defendamos ante usted. Si se nos arroja al horno en llamas, el Dios al que servimos puede librarnos del horno y de las manos de Su Majestad. Pero incluso si no lo hace, queremos que sepa, Su Majestad, que no serviremos a sus dioses ni adoraremos la estatua que usted ha erigido.
Daniel 3:16-18

Este discurso me da ganas de saltar y gritar "¡Aleluya!". Si alguna vez necesitas una dosis de valentía, lee estas palabras un par de veces.

Estos tres hombres dejaron en claro que sabían que Dios, el Dios de Israel, era plenamente capaz de librarlos de las llamas que destruirían su cuerpo con facilidad. Pero también le hicieron saber al rey que, incluso si Dios decidía no hacer ese milagro, no había ninguna posibilidad de que ellos cedieran. Piensa en esto por un momento. Reconocieron que el poder de Dios era infinito, pero que su voluntad era indescifrable. Claro que Dios podía salvarlos, pero tal vez no era su voluntad hacerlo, y eso estaba bien.

Todos hemos experimentado momentos en la vida en los que estuvimos obligados a aceptar esta realidad. Como cristiana, luché con esto durante mucho tiempo. A veces oro para que Dios sane a un ser querido o desenrede una situación desastrosa, pero aprendí que mi corazón también tiene que estar dispuesto a aceptar su decisión. Esto no hace que mis oraciones sean menos importantes. En la Biblia, vemos que muchas veces Dios escucha las oraciones de su pueblo y responde con compasión. Estamos llamados a confiar y poner todo en sus manos para animarnos a hacer lo que hicieron Sadrac, Mesac y Abednego ante el rey: proclamar el incomparable poder de Dios para actuar y humillarse ante su decisión final.

Estos amigos estaban unidos en la fe y por su inquebrantable compromiso. Ninguno de ellos se alejó y dijo: "Rey, yo no estoy con ellos. A mí me gustaría vivir". La Biblia nos ofrece este ejemplo concreto del poder que encontramos en la comunidad, en permanecer unidos con nuestros compañeros de confianza cuando ocurre lo peor. Ellos se mantuvieron juntos, hablaron juntos y estaban dispuestos a morir juntos. Con una tranquilidad incomprensible, le dijeron al rey que no necesitaban defenderse ante él y que no lo harían.

Si hubiera estado en su lugar, habría tenido la tentación de gritarle al rey: "¡Ya has visto los milagros que puede hacer el Dios de Israel!". Quizás quisieron acusarlo por su injusticia, su ira irracional o su crueldad despótica, y habrían tenido razón. Pero no hicieron nada de eso; en cambio, se centraron en Dios. Su amistad los fortaleció lo suficiente como para hacer esta audaz declaración de fe.

Nuestras amistades pueden ser una importante fuente de crecimiento espiritual y pueden servir para que rindamos cuentas.

El hierro se afila con el hierro
y el hombre en el trato con el hombre.
Proverbios 27:17

¿Quién te ofrece sabiduría? ¿Ante quién puedes rendir cuentas? ¿Eres esa persona para los demás? Habiendo sido desarraigados y obligados a servir a su opresor, estos amigos pasaron años cubriéndose las espaldas entre sí. La persecución había empezado en pequeños detalles, pero ellos permanecieron unidos. Cuando se convirtió en una situación de vida o muerte, tuvieron el valor de permanecer unidos. Esto no sucede de la noche a la mañana. Se requiere una inversión de tiempo, transparencia y vulnerabilidad para crear vínculos significativos. Es difícil dar la cara cuando acecha el peligro. Estos amigos no solo se mantuvieron unidos cuando los ascendieron y los alabaron, sino que fueron fuertes cuando se enfrentaron a la mismísima muerte.

Triunfo y revelación

Después del valiente discurso de estos hombres, el rey estaba "muy furioso" (Daniel 3:19). También vemos que "cambió su actitud hacia ellos". ¡Es evidente! El rey, cegado por la ira, ordenó que el horno se calentara siete veces más de lo habitual. Luego, ordenó a sus soldados que ataran a estos amigos y los arrojaran al horno completamente vestidos. El horno estaba tan caliente que mató a los hombres que cumplieron las órdenes del rey.

En circunstancias normales, Sadrac, Mesac y Abednego habrían muerto en cuestión de segundos, pero nada de lo que sucedió después fue "normal".

En ese momento, Nabucodonosor se puso de pie y preguntó sorprendido a sus consejeros:

—¿Acaso no eran tres los hombres que atamos y arrojamos al fuego?

—Así es, Su Majestad —respondieron.

—¡Pues miren! —exclamó—. Allí en el fuego veo a cuatro hombres, sin ataduras y sin daño alguno, ¡y el cuarto tiene la apariencia de un hijo de los dioses!

Dicho esto, Nabucodonosor se acercó a la puerta del horno en llamas y gritó:

—Sadrac, Mesac y Abednego, siervos del Dios Altísimo, ¡salgan de allí y vengan acá!

Cuando los tres jóvenes salieron del horno, los sátrapas, prefectos, gobernadores y consejeros reales se arremolinaron en torno a ellos y vieron que el fuego no les había causado ningún daño, y que ni uno solo de sus cabellos se había chamuscado; es más, su ropa no estaba quemada ¡y ni siquiera olía a humo!
Daniel 3:24-27

Dios no solo rescató a sus tres fieles siervos, sino que también le dio al rey Nabucodonosor una poderosa prueba visual del verdadero Señor de los cielos y de la tierra. Muchos estudiosos creen que este ángel de Dios era Jesús mismo que protegía y guardaba a Sadrac, Mesac y Abednego en este infierno mortal.

Nabucodonosor estaba impresionado y sin demora alabó a Dios, al Dios de Israel. También elogió a los tres amigos por la fidelidad que habían demostrado a su Dios, incluso cuando corría peligro su vida.

Entonces exclamó Nabucodonosor: "¡Alabado sea el Dios de Sadrac, Mesac y Abednego, que envió a su ángel y los salvó! Ellos confiaron en él y, desafiando la orden real, optaron por la muerte antes que honrar o adorar a otro dios que no fuera el suyo".

Daniel 3:28

Este era, precisamente, el tipo de lealtad que Nabucodonosor quería para sí mismo, pero este asombroso milagro le llamó la atención. ¿Cómo podía esperar el rey que estos jóvenes judíos se inclinaran ante un simple ídolo sin vida y hecho por los hombres cuando su Dios era capaz de esto? Nabucodonosor nunca le entregó el corazón ni la vida a Dios, pero vio y reconoció el poder de algo —Alguien— que era superior a él. Vio que la verdadera fe no podía manipularse con fines políticos, ni siquiera bajo la amenaza de la ejecución.

A lo largo de los siglos, los cristianos han entendido la historia de Sadrac, Mesac y Abednego como algo más que una aventura con un final dramático. Algunas de las obras de arte cristianas más antiguas del mundo muestran a Sadrac, Mesac y Abednego en el horno de fuego. En las catacumbas de Priscila, en Roma, hay un fresco que muestra a los tres amigos caminando en medio del fuego, con los brazos hacia arriba en señal de oración. ¿Por qué tuvo tanta repercusión esta oscura historia bíblica entre los primeros cristianos?

Los cristianos del Imperio romano, que sufrían persecuciones constantes y que habían visto cómo los miembros de su comunidad, y quizás sus propios familiares, sufrieron la tortura y la muerte por causa de su fe, deben haber recibido valor de estos tres amigos para enfrentarse al Nabucodonosor de su tiempo. Sabían que no eran los primeros que sufrían persecución por creer en el Dios de Israel. Y, al igual que Sadrac,

Mesac y Abednego, sabían que su vida estaba en las manos de Dios. Se aferraron a la historia de estos tres amigos cuya fe había desviado el fuego del infierno y cuyo amor por Dios los sostenía. En parte, atesoraban esta historia porque la amistad con los hombres, con su comunidad de creyentes, les había dado la fuerza para soportarlo todo.

Aquellos primeros cristianos también llevaban vidas que parecían extrañas para quienes los rodeaban, al igual que los tres amigos de la corte babilónica, pero aquellas comunidades cristianas cercanas mantuvieron la unidad. Sadrac, Mesac y Abednego fueron un ejemplo de amistad y de una fe que se fortalecía al ser compartida. Los cristianos primitivos que se escondían en las catacumbas miraban la imagen de los tres amigos y se veían a sí mismos: un hermoso reflejo del amor de Dios y de la fraternidad del amor cristiano.

Esta historia también es una gran inspiración para los cristianos de hoy en día que sufren persecución. La mayoría de nosotros no tendremos que enfrentar el mismo tipo de amenazas, pero todo cristiano que siga los mandamientos de Jesús tendrá dificultades. Eso está claro.

Así mismo serán perseguidos todos los que quieran llevar una vida piadosa en Cristo Jesús.
2 Timoteo 3:12

Yo les he dicho estas cosas para que en mí hallen paz. En este mundo afrontarán aflicciones, pero ¡anímense! Yo he vencido al mundo.
Juan 16:33

Tanto si se burlan de nosotros por nuestra fe como si nos enfrentamos a peligros más graves, es posible que sintamos la tentación de apartarnos del mundo que nos rodea. La historia de los exiliados en Babilonia nos recuerda por qué debemos resistir ese impulso. En algunas ocasiones, un cristiano puede ser llamado a retirarse, pero fijémonos en Jesús. Pasó la mayor parte de su vida relacionándose con el mundo, incluso en medio de las crecientes amenazas. Es bueno para nosotros que lo hiciera. Deberíamos hacer lo mismo.

Dios quiere que nos relacionemos con su creación, que encontremos formas de usar nuestras habilidades en ella y que la hagamos florecer. Jesús oró a su Padre por sus seguidores, que recibían odio "porque no son del mundo (...). No te pido que los quites del mundo, sino que los protejas del maligno" (Juan 17:14-15). Él quería que estuviéramos en el mundo, pero no que fuéramos *de* él. Daniel y sus amigos nos demostraron cómo hacerlo.

Mientras el pueblo de Israel sufría en el exilio, el profeta Jeremías le dio este mensaje de parte de Dios.

> Construyan casas y habítenlas; planten huertos y coman de su fruto (...). Además, busquen el bienestar de la ciudad adonde los he deportado y pidan al Señor por ella, porque el bienestar de ustedes depende del bienestar de la ciudad (...). Cuando a Babilonia se le hayan cumplido los setenta años, yo los visitaré y haré honor a mi promesa en favor de ustedes; los haré volver a este lugar. Porque yo conozco los planes que tengo para ustedes —afirma el Señor—, planes de bienestar y no de calamidad, a fin de darles un futuro y una esperanza.
> Jeremías 29:5-11

Es probable que hayas escuchado ese último versículo, aunque quizás no conocías todo el contexto. Cabe recordar que este mensaje de Dios era para un pueblo que nunca iba a regresar a su patria. Es un mensaje de esperanza, pero no una promesa de liberación inmediata. La promesa era que Dios los bendeciría durante el exilio y que siempre había esperanza porque Dios tenía un plan para su futuro.

Espero que esas palabras te animen de la misma manera que me traen calma a mí. Dios está con nosotros, incluso en Babilonia. Puede usarnos en este lugar para llevar gracia al mundo que nos rodea. Puede cambiar el corazón de los reyes paganos. Puede caminar con nosotros al horno. Puede bendecirnos con una comunidad de creyentes y así lo hace. Y un día nos llevará a nuestra Tierra Prometida, nuestra morada celestial.

Oración: Poderoso Dios, ayúdanos a apoyar a nuestros hermanos y hermanas cuando la vida es fácil y cuando es complicada. Haznos vulnerables y transparentes para que hallemos la fortaleza en nuestra unidad. Que nos afilemos y desafiemos los unos a los otros para crecer en el conocimiento acerca de ti y en nuestro compromiso contigo. Guíanos para que nos inspiremos y animemos entre nosotros de manera que podamos hacer frente a la tribulación.

Las amistades de Pablo

Compañeros de viaje

Tuve muchas mudanzas a lo largo de los años, por motivos personales o profesionales, y hace poco revisé una caja con cosas de mi época en la universidad y la facultad de derecho, y encontré la Biblia que me regalaron cuando era adolescente. Entre otras cosas, había un boleto para un concierto de Steven Curtis Chapman entre los pasajes subrayados y marcados con varios colores. También tenía mi nombre de soltera grabado en la tapa. Recuerdo haber llevado esa Biblia conmigo por todo el mundo y de haber llorado sin parar buscando respuestas de parte de Dios. Otras veces simplemente me empapaba de sus promesas de guía y protección. Me encanta ver todos esos mapas de colores de la antigüedad que nos muestran los distintos caminos del ministerio de Jesús y los viajes misioneros de Pablo (a quien conocemos inicialmente como *Saulo*). Ver los lugares reales por los que se movieron hace que los viajes cobren vida.

Los viajes de Pablo a través de esos mapas son fascinantes. Cruzó océanos y viajó por todo el Mediterráneo. Esos mapas representan la aventura que vivió un héroe mientras se enfrentaba a los peligros y las dificultades. A veces pienso en Pablo como un viajero solitario, contra viento y marea, armado únicamente con la fe y enfrentándose con valentía a las golpizas, los encarcelamientos y los naufragios. Pero lo cierto es que, a lo largo de su ministerio, Pablo contó con el apoyo de amigos y compañeros que hicieron posible los viajes misioneros. Cada viaje fue un proyecto compartido entre Pablo y, al menos, un amigo. Esas líneas punteadas que atraviesan el mapa del Mediterráneo son el motivo por el cual tú y yo somos cristianas. Pablo confiaba en los colegas y los que trabajaban a su lado, y también en las iglesias que lo apoyaban con sus oraciones y sus recursos. El cristianismo primitivo se basó en una red de creyentes, y la amistad fue el motor de la iglesia primitiva.

Como vimos con David y Jonatán, y con Sadrac, Mesac y Abednego, las amistades nos infunden valor y nos cubren con amor. Pueden ser una poderosa fuente de ayuda y aliento y pueden equiparnos para las tareas que Dios ha diseñado para nosotros. El Señor sabía que Pablo necesitaría distintos tipos de amigos para llevar a cabo su ministerio, desde el momento en que descubrió la verdad de Dios. La vida y las enseñanzas de Pablo no solo nos ofrecen profundas verdades teológicas, sino también lecciones sobre la importancia y el regalo de la comunidad.

Ananías (Hechos 9:1-19)

Uno de los primeros amigos que vemos tras la conversión de Saulo no tenía la intención de conocerlo. Esto se debe a que Saulo estaba allí cuando apedrearon a Esteban "aprobando la muerte" (Hechos 8:1), y a que su misión era destruir a la iglesia de los seguidores de Jesús. Si volvemos a la historia de Saulo un capítulo después, vemos que estaba "respirando aún amenazas de muerte" contra los discípulos (Hechos 9:1). Incluso le había pedido al sumo sacerdote cartas que le dieran permiso para llevar hasta Jerusalén como prisioneros a los seguidores de Cristo que encontrara en Damasco. Saulo era un tipo malvado.

Fue en ese viaje a Damasco cuando el Señor despertó a Saulo:

> En el viaje sucedió que, al acercarse a Damasco, una luz del cielo relampagueó de repente a su alrededor. Él cayó al suelo y oyó una voz que le decía:
>
> —Saulo, Saulo, ¿por qué me persigues?
>
> —¿Quién eres, Señor? —preguntó.
>
> —Yo soy Jesús, a quien tú persigues —contestó la voz—. Levántate y entra en la ciudad, que allí se te dirá lo que tienes que hacer.
>
> Los hombres que viajaban con Saulo se detuvieron atónitos porque oían la voz, pero no veían a nadie. Saulo se levantó del suelo, pero cuando abrió los ojos no podía ver, así que lo tomaron de la mano y lo llevaron a Damasco. Estuvo ciego tres días, sin comer ni beber nada.
>
> Hechos 9:3-9

¡Qué manera de llamarle la atención! El poder y la presencia de Jesucristo sacudieron a Saulo. No podemos negar este radical golpe de realidad.

El Señor llamó a un creyente de nombre Ananías que vivía en Damasco, y le dijo que buscara a Saulo. ¡Creo que todos sabemos por qué no quería hacerlo!

Entonces Ananías respondió:

—Señor, he oído hablar mucho de ese hombre y de todo el mal que ha causado a los que creen en ti en Jerusalén. Y ahora lo tenemos aquí, autorizado por los jefes de los sacerdotes, para llevarse presos a todos los que invocan tu nombre.

Hechos 9:13-14

El Señor le dijo que se olvidara de eso. No solo quería que Ananías fuera a ministrar a Saulo, sino que esperaba que quien antes buscaba cristianos para matarlos se convirtiera en uno de los evangelistas más poderosos y prolíficos.

—¡Ve! —insistió el Señor—, porque ese hombre es mi instrumento escogido para dar a conocer mi nombre tanto a las naciones y a sus reyes como al pueblo de Israel.

Hechos 9:15

Ananías obedeció al Señor y fue a buscar a Saulo, a pesar de sus temores. Imagina el temor que deben haber tenido los primeros cristianos a las falsas conversiones o a alguien que se infiltrara en sus casas y en sus iglesias para hacerles daño. Ananías confió en el Señor y fue a ver al hombre que estaba empeñado en matar a personas como él. Le dijo a Saulo: "el Señor Jesús (...) me ha enviado para que recobres la vista y seas lleno del Espíritu Santo" (Hechos 9:17). Eso fue exactamente lo que ocurrió. Saulo recuperó la vista física, y su ceguera espiritual también desapareció. Creo que podríamos decir que Ananías fue el primer amigo cristiano de Saulo y, definitivamente, fue a quien Dios envió para ayudarlo a comenzar su gran misión de difundir el Evangelio.

Bernabé (Hechos 9:26-30, 11:19-30, 15:1-12)

Inmediatamente después de su conversión, Saulo sorprendió a la gente porque empezó a enseñar en las sinagogas de Damasco que Jesucristo era el Hijo de Dios.

> Pero Saulo cobraba cada vez más fuerza y confundía a los judíos que vivían en Damasco, demostrándoles que Jesús es el Cristo.
> Hechos 9:22

Imagina la sorpresa al ver que alguien que había sido un asesino de quienes adoraban a Cristo ahora lo anunciaba. Saulo ofendió mucho a los judíos de Damasco; tanto, que querían matarlo. Pasó de ser el cazador a ser la presa. Lo sacaron a escondidas de la ciudad y, en Gálatas 1, leemos que pasó varios años en otras regiones antes de ir a Jerusalén, donde "trataba de juntarse con los discípulos" (Hechos 9:26). En ese momento, leemos por primera vez acerca de su relación con Bernabé.

Pero antes, ¿quién era Bernabé? Primero, aparece en los capítulos iniciales del libro de los Hechos:

> José, un levita natural de Chipre, a quien los apóstoles llamaban Bernabé, que significa "Hijo de consolación", vendió un terreno que poseía, llevó el dinero y lo puso a disposición de los apóstoles.
> Hechos 4:36-37

Sabemos que Bernabé era creyente y judío y, evidentemente, los discípulos lo conocían muy bien. Debe haber sido un hombre con muchos recursos, porque vendió propiedades para financiar la comunidad cristiana de Jerusalén. Su nombre nos dice que, además del apoyo económico que proveía, era un consolador de confianza.

Entonces, Bernabé fue un aliado clave cuando Saulo fue a Jerusalén. Todos los discípulos tenían "miedo" de Saulo y "no creían que de veras fuera discípulo" (Hechos 9:26). Aunque Saulo había sido cristiano durante algún tiempo, ellos no estaban convencidos.

Entonces Bernabé lo tomó a su cargo y lo llevó a los apóstoles. Bernabé describió en detalle cómo en el camino Saulo había visto al Señor, el cual le había hablado. Y contó que en Damasco Saulo había predicado con libertad en el nombre de Jesús. Así que se quedó con ellos y andaba por todas partes en Jerusalén, hablando abiertamente en el nombre del Señor.

Hechos 9:27-28

Queda claro que tanto Saulo como los apóstoles apreciaban a Bernabé y confiaban en él, y su amistad con el antiguo perseguidor era lo suficientemente fuerte como para servir de puente entre Saulo y los apóstoles.

Todos necesitamos amigos que nos defiendan y pongan las manos en el fuego por nosotros cuando los demás duden. Y nosotros también tenemos que ser así. ¿Estás dispuesta a gastar parte de tu capital social para asegurarte de que se trate bien a una compañera desconocida en una situación nueva? Tengo una interesante red de amigas en la zona de Washington D. C. Cuando una de nosotras lleva a una persona nueva a una cena o a un evento, esa persona ya tiene el sello de aprobación. Confiamos que el resto solo invitará a una mujer nueva si sabe guardar secretos y no está llena de drama. A lo largo de los años, primero fui esa mujer y, más adelante, fui quien

invitó a una desconocida. Sé que, si mis amigas confían en alguien, yo también lo haré. Eso es exactamente lo que Saulo
necesitaba y lo encontró en Bernabé. La intercesión de Bernabé tuvo el resultado deseado: los apóstoles aceptaron a Saulo
(aunque, quizás, con cautela). Más adelante, Saulo escribiría
que se quedó quince días con Pedro y que no vio a ninguno
de los otros apóstoles, excepto a Santiago, el hermano de Jesús (Gálatas 1:18-19).

Durante esos años, como los creyentes eran perseguidos,
muchos de ellos se dispersaron. Llevaron consigo la buena nueva del Evangelio. Algunos solo compartían el mensaje de Cristo
con otros judíos, mientras que otros alcanzaban también a los
gentiles, incluso en Antioquía. Cuando los apóstoles de Jerusalén
se enteraron del movimiento evangelista en Antioquía, enviaron
a Bernabé, el primer cristiano que emprendió un viaje misione-
ro. Bernabé quedó encantado con lo que encontró.

> Cuando él llegó y vio las evidencias de la gracia de Dios, se
> alegró y animó a todos a hacerse el firme propósito de per-
> manecer fieles al Señor, pues era un hombre bueno, lle-
> no del Espíritu Santo y de fe. Un gran número de personas
> aceptó al Señor.
> Después partió Bernabé para Tarso en busca de Saulo
> y cuando lo encontró, lo llevó a Antioquía. Durante todo un
> año se reunieron los dos con la iglesia y enseñaron a mu-
> cha gente. Fue en Antioquía donde a los discípulos se les
> llamó "cristianos" por primera vez.
> Hechos 11:23-26

Hay muchísima belleza e historia cristiana en este breve pasaje. Vemos de primera mano el espíritu consolador
que tenía Bernabé y observamos cómo tomó la iniciativa de

que Saulo de Tarso lo ayudara en la obra del Evangelio. Bernabé sabía que su amigo tenía importantes dones que debía compartir con la iglesia de todo el mundo. Durante un año, compartieron la buena nueva de Jesús muchas personas en Antioquía.

Bernabé sabía que Saulo tenía un llamado especial. Bernabé, como "hijo de consolación", se propuso cultivar y honrar los talentos de su amigo, aunque tuviera que ir a buscarlo para poder hacerlo. Eso también nos dice que Bernabé no tenía el tipo de orgullo que puede interponerse en la misión de Dios. No decía: *Esta es MI misión, ¡no quiero compartirla con nadie más!* Tenía una visión clara de sus dones y fortalezas y sabía que los talentos de Saulo también eran necesarios. La formación de la identidad cristiana que forjaron Saulo y Bernabé en Antioquía fue tan exitosa que tú y yo nos llamamos "cristianos" gracias al trabajo que ellos hicieron allí.

Los mejores amigos siempre celebran el éxito de sus pares. Tengo amigas que viajan por el mundo debido a su ministerio, escriben libros o se dedican a sus hijos veinticuatro horas al día, 7 días a la semana. Cuando me cuentan sus triunfos, me alegro muchísimo. Esta semana recibí un video del hijito de una amiga citando de memoria un pasaje muy largo de las Escrituras. Se había esforzado mucho, y yo sabía que su mamá lo venía ayudando hacía varias semanas. ¡Magnífico! Ayer, el libro de un amigo llegó a la lista de los más vendidos del *New York Times*. ¡Excelente! Una amiga consiguió un puesto en el consejo escolar de su ciudad. ¡Impresionante! No tenemos por qué sentirnos amenazados por el éxito de los demás. Dios nos ha dado a cada uno dones y tareas específicas. Bernabé sabía esto y lo aceptaba.

Mientras Bernabé y Saulo servían juntos en Antioquía, muchos profetas y maestros también se levantaron en el ministerio. Entonces, se dieron cuenta de que había llegado el momento de partir y predicar en otros lados.

> Cierto día, mientras estos hombres adoraban al Señor y ayunaban, el Espíritu Santo dijo: "Designen a Bernabé y a Saulo para el trabajo especial al cual los he llamado". Así que, después de pasar más tiempo en ayuno y oración, les impusieron las manos y los enviaron.
> Hechos 13:2-3, NTV

Esta vez, los amigos se embarcaron en una travesía marítima hacia la isla natal de Bernabé, Chipre. Dios tenía planes para ellos, y Saulo era consciente de la obra que debían llevar adelante.

> Porque somos hechura de Dios, creados en Cristo Jesús para buenas obras, las cuales Dios dispuso de antemano a fin de que las pongamos en práctica.
> Efesios 2:10

Este primer gran viaje que emprendieron los dos amigos abarcó desde Chipre hasta Asia Menor: de Perga a Antioquía de Pisidia, a Iconio, a Listra y Derbe y, finalmente, de regreso a Antioquía en Siria. Desde el comienzo de esta obra, vemos cómo sus enemigos conspiraban en contra de ellos. Un falso profeta trató de sabotear su mensaje ante un líder que los había llamado porque quería escucharlos (Hechos 13:9). Saulo, lleno del Espíritu Santo, lo llamó "enemigo de toda justicia" y le dijo que perdería la vista durante un tiempo. Esto sucedió inmediatamente y convenció al líder de que Saulo y su Dios eran auténticos. En lugar de alejarse de Cristo, el líder lo aceptó y creyó (Hechos 13:12).

Es en esta época cuando vemos que Saulo empieza a ser llamado Pablo. En aquel tiempo, era común que la gente tuviera más de un nombre, que se alternaba según el espacio cultural en el que se encontraran. Los estudiosos dicen que Saulo era el nombre judío y Pablo era el nombre en latín.

En uno de sus viajes, les pidieron que dieran un mensaje de aliento en una sinagoga. Pablo se dirigió a los "israelitas, y (...) los no judíos temerosos de Dios", y les pidió que escucharan su poderoso sermón sobre la gracia y el perdón de Dios por medio del sacrificio de Jesús. La gente quedó tan conmovida que los invitaron a volver la semana siguiente, pero algunos judíos se sintieron ofendidos y "se llenaron de envidia" por la multitud que atraían Bernabé y Pablo.

> Pero los judíos incitaron a mujeres muy distinguidas y fieles al judaísmo, también a los hombres más prominentes de la ciudad y provocaron una persecución contra Pablo y Bernabé. Por tanto, los expulsaron de la región. Ellos, por su parte, se sacudieron el polvo de los pies en señal de protesta contra la ciudad y se fueron a Iconio.
>
> Hechos 13:50-51

Los amigos, comprometidos con Dios y el uno con el otro en su ministerio, se mantuvieron unidos y siguieron adelante.

Juntos, estos piadosos compañeros se enfrentaron a todo tipo de peligros y resistencia. En una ocasión, cuando apedrearon a Pablo tras sus convincentes enseñanzas, los amigos simplemente viajaron a otra ciudad y siguieron compartiendo el mensaje de esperanza y redención de Dios. Por último, habiendo compartido el Evangelio con los judíos y gentiles que quisieran recibirlo, regresaron a Antioquía y contaron todo lo que había sucedido. Y, aunque vemos en las Escrituras que se quedaron allí "mucho tiempo" (Hechos 14:28), también hubo contrariedades.

Bernabé y Pablo no solo se apoyaron el uno al otro durante los viajes misioneros, sino también en Antioquía cuando empezaron a surgir problemas. Cuando algunos cristianos judíos llegaron de Judea y les dijeron a los cristianos de Antioquía que debían circuncidarse y obedecer todas las restricciones de la ley mosaica, Pablo y Bernabé se opusieron.

> Algunos que habían llegado de Judea a Antioquía se pusieron a enseñar a los hermanos: "A menos que ustedes se circunciden, conforme a la tradición de Moisés, no pueden ser salvos". Esto provocó un altercado y un serio debate de Pablo y Bernabé con ellos. Entonces se decidió que Pablo y Bernabé, y algunos otros creyentes, subieran a Jerusalén para tratar este asunto con los apóstoles y los líderes religiosos. Enviados por la iglesia, al pasar por Fenicia y Samaria contaron cómo se habían convertido los no judíos. Estas noticias llenaron de alegría a todos los creyentes. Al llegar a Jerusalén, fueron muy bien recibidos tanto por la iglesia como por los apóstoles y los líderes religiosos, a quienes informaron de todo lo que Dios había hecho por medio de ellos.
>
> Hechos 15:1-4

Bernabé y Pablo se pararon como un frente unido y defendieron el trabajo que habían comenzado en Siria, Asia Menor y Chipre. Esta hermandad había sido forjada en la caldera de las pruebas y los desafíos. Dios había unido a estos amigos, que funcionaban como una gran fuente de fortaleza entre sí.

Esta disputa sobre doctrina se conoce como el Concilio de Jerusalén. Por un lado, Pablo y Bernabé, y, por el otro, todos los judíos que seguían a Jesús. Por supuesto, los creyentes judíos no podían comprender que la redención de Cristo tuviera sentido fuera del pueblo judío. Para ellos, el mensaje del Evangelio y el mensaje de la ley eran dos caras de una misma moneda, y debe haber sido difícil entender cómo Pablo y Bernabé predicaban sobre un tema, pero no sobre el otro. ¿Cómo podía tener sentido Jesús (la gracia) separado de su contexto judío (la ley)?

Pedro se levantó con autoridad para defender a Pablo y Bernabé y vemos que, como su opinión era muy importante entre los creyentes allí reunidos, luego los dos hombres pudieron hablar.

> Toda la asamblea guardó silencio para escuchar a Bernabé y a Pablo, quienes contaron las señales y maravillas que Dios había hecho por medio de ellos entre los que no son judíos.
> Hechos 15:12

Gracias al apoyo que Bernabé y Pablo se daban el uno al otro, pudieron atravesar la tormenta del Concilio de Jerusalén.

> Después de pasar algún tiempo allí, los hermanos los despidieron en paz, para que regresaran a quienes los habían enviado. Pablo y Bernabé permanecieron en Antioquía, enseñando y anunciando la palabra del Señor en compañía de muchos otros.
> Hechos 15:33-35

Pero, como en cualquier amistad real, también había desacuerdos. En un momento, mientras se preparaban para volver al camino y visitar las iglesias que habían plantado,

tuvieron una discusión sobre quién debía ir con ellos. Bernabé quería llevar a su primo Juan Marcos, pero había un trasfondo delicado. Juan Marcos "los había abandonado en Panfilia y
no había seguido con ellos en el trabajo" (Hechos 15:38). Podemos entender que Pablo le guardara resentimiento por eso,
pero Bernabé no lo veía de esa manera.

> Su desacuerdo fue tan intenso que se separaron. Bernabé
> tomó a Juan Marcos consigo y navegó hacia Chipre. Pablo
> escogió a Silas y, al salir, los creyentes lo encomendaron al
> cuidado misericordioso del Señor.
> Hechos 15:39-40, NTV

¿Qué podemos decir acerca de esta etapa de su amistad?
Sabemos, gracias a las cartas de Pablo, que sus conflictos no
duraron para siempre. Pablo escribió su carta a los corintios
mucho después de haberse separado de Bernabé y en ella
menciona a Bernabé como un compañero evangelista que trabajaba con sus manos. Pablo intentaba defender su derecho
a recibir una ayuda económica de parte de las comunidades a
las que ellos apoyaban espiritualmente:

> Esta es mi defensa contra los que me critican: ¿Acaso no te-
> nemos derecho a comer y a beber? ¿No tenemos derecho
> a viajar acompañados por una esposa creyente, como ha-
> cen los demás apóstoles y los hermanos del Señor y Cefas?
> ¿O es que solo Bernabé y yo estamos obligados a ganarnos
> la vida con otros trabajos?
> 1 Corintios 9:3-6

Aunque ya no viajaban juntos, Pablo aún lo consideraba
un buen amigo.

Así como Pablo y Bernabé nos dieron el modelo de trabajar juntos para expandir el Evangelio, también nos mostraron que los amigos pueden discrepar y seguir respetándose. La disputa que tuvieron no fue intrascendente; era un desacuerdo fundamental sobre la mejor manera de llevar el Evangelio y sobre quién podía hacerlo. Las cartas de Pablo nos muestran que podían estar en desacuerdo y seguir adelante sin guardar resentimiento. Es más, unos años después, Pablo menciona a Juan Marcos con palabras de aprobación (Colosenses 4:10), lo que sugiere que ya habían superado las diferencias. Pablo pidió que recibieran bien a Juan Marcos.

Las amistades que sentaron la base de los viajes misioneros de Pablo y del nacimiento de la Iglesia cristiana fueron relaciones reales entre personas reales. Tuvieron altibajos, alegrías y desacuerdos. Pablo y Bernabé conservaron el respeto por el otro porque se enfocaron en Jesús, y no en su orgullo o voluntad. Independientemente de cuáles eran las frustraciones entre Bernabé y Pablo, sabemos que su trabajo fue exitoso, en parte, gracias a su trabajo en conjunto durante los primeros años de la iglesia.

Aquila y Priscila (Hechos 18:1-21, 18:24-26)

Pablo tuvo muchos otros compañeros en su actividad misionera, y esas relaciones lo mantuvieron en pie. También verás que esas amistades se multiplicaron y se extendieron en forma de red de personas que salían a compartir el amor y la verdad de Jesús. Una de las paradas más largas de los viajes misioneros de Pablo fue en Corinto, en donde estuvo durante un año y medio. Pablo se fue de Atenas y viajó a Corinto, donde se encontró con un hombre y su esposa que fueron fundamentales para su trabajo allí. Aquila y su esposa Priscila (Hechos 18:2-3) eran refugiados cristianos de Roma, de donde los habían expulsado junto con la mayoría de los judíos por una orden del emperador Claudio. Pablo tenía mucho en común con ellos. Al igual que él, eran judíos de Asia Menor (no de Judea) y, al igual que él, hacían tiendas de campaña.

Es muy probable que Aquila y Priscila hayan estado un período en Corinto antes de la llegada de Pablo y hayan tenido un negocio consolidado de tiendas de campaña, una industria exitosa en el mundo antiguo, ya que los viajeros siempre necesitaban un refugio portátil. Practicar un oficio en el mundo antiguo, en especial uno como la fabricación de tiendas, significaba unirse al gremio local y formar parte de la red comercial de la región. Es poco probable que un itinerante como Pablo pudiera hacerlo; entonces, quizás lo contrataron como trabajador en el comercio de Aquila y Priscila. La pareja también lo invitó a su casa, por lo que sabemos que eran generosos, hospitalarios y estaban dispuestos a hacer todo lo posible para ayudar a Pablo en su misión.

Durante este tiempo en Corinto, también lo visitaron otras dos figuras clave de la iglesia primitiva: Silas y Timoteo. Vemos que, cuando ocurrió esto, "Pablo se dedicó exclusivamente a la predicación, testificándoles a los judíos que Jesús era el Cristo" (Hechos 18:5). No todos querían escuchar el mensaje. Algunos "lo insultaron", pero el Señor le habló a Pablo en un sueño y le dijo que no tuviera miedo.

> "... sigue hablando y no te calles, pues estoy contigo. Aunque te ataquen, no voy a dejar que nadie te haga daño, porque tengo mucha gente en esta ciudad". Así que Pablo se quedó allí un año y medio, enseñando entre el pueblo la palabra de Dios.
> Hechos 18:9b-11

Gracias al impulso de la amistad y del apoyo de Priscila y Aquila, Pablo siguió predicando, incluso cuando sufría ataques.

Era tal el compromiso de estos amigos con la misión de Pablo que este los llevó con él en la siguiente etapa de su viaje, durante la cual se quedó con los creyentes de Éfeso (Hechos 18:18). Sabemos que Priscila y Aquila se convirtieron en líderes de la iglesia de Éfeso, donde enseñaban a los que aún no habían alcanzado la plenitud de la fe:

> Por aquel entonces llegó a Éfeso un judío llamado Apolos, natural de Alejandría. Era un hombre ilustrado y poderoso en el uso de las Escrituras. Había sido instruido en el camino del Señor, y con gran fervor hablaba y enseñaba con la mayor exactitud acerca de Jesús, aunque conocía solo el bautismo de Juan. Comenzó a hablar valientemente en la sinagoga. Al oírlo Priscila y Aquila, lo tomaron a su cargo y le explicaron con mayor precisión el camino de Dios.
> Hechos 18:24-26

Al igual que habían hecho con Pablo, Priscila y Aquila lo llevaron a su casa.

Y, aunque no se habla mucho al respecto en la Biblia, en esta amistad apreciamos la gracia de compartir un amigo con tu cónyuge. Aquila y Priscila siempre se mencionan juntos, nunca por separado. Tener una amiga mujer quizás era una experiencia novedosa para Pablo, que estaba soltero. Además, su soltería lo convertía en un amigo poco probable para una pareja casada en el mundo antiguo. Pablo debe haber querido mucho a Aquila y Priscila, y su relación debe haber sido diferente al resto de sus amistades.

Esto es para las personas casadas que están leyendo: ¿cuánto te esfuerzas por incluir a tus amigos solteros en tu grupo de amigos? Sheldon y yo tenemos un amigo soltero en particular a quien consideramos un regalo. Nunca pienso en su estado civil. Me encanta que ambos tengamos temas que nos guste debatir y discutir con él. Le encanta lo que cocina Sheldon y también nos gusta salir a comer juntos. Es uno de nuestros amigos más cercanos, y ambos lo apreciamos de forma individual y conjunta. Nos reímos juntos y también tenemos conversaciones reflexivas. Nuestra vida es mucho mejor gracias a este amigo que nos acompaña hace quince años. ¡Espero que él piense lo mismo de nosotros! Si estás soltera, ¿buscas incluir parejas sanas en tu círculo? Tu perspectiva sobre la vida, la iglesia, la cultura y las pruebas es fundamental para los demás. Tu punto de vista y tu compañía son muy valiosos y tu opinión crítica suma mucho a las conversaciones importantes.

Dondequiera que Pablo viajaba, la gente se sentía atraída a él y alentada en la fe. El Nuevo Testamento está lleno de sus nombres: Epafras, Tíquico, Apia, el abogado Zenas, Aristarco, Arquipo y muchos otros. La familia de los primeros creyentes, que crecía constantemente, se sostenía gracias a la amistad y la devoción mutua. Conocemos a otras personas que eran más cercanas a él y a quienes él les escribía cartas. Timoteo, que tenía una madre judía y un padre griego, lo que significaba que estaba con un pie dentro y con el otro fuera del mundo judío, era un hijo espiritual de Pablo. También vemos a Tito, que fue el segundo al mando y el enviado a Corinto cuando esa iglesia pasaba por tiempos difíciles. Silas estuvo en la prisión con él. Y también tenemos a Lucas, el querido médico que lo acompañó en los viajes con Silas, así como en su último viaje a Roma. ¡Qué hermosa red de apoyo tenía Pablo en el contexto de un ministerio exigente!

Onésimo (libro de Filemón)

Sin embargo, la amistad de Pablo con Onésimo es la que nos ofrece una visión más profunda del corazón del apóstol. El libro más corto del Nuevo Testamento es la carta de Pablo a Filemón, el amo de Onésimo. En los veinticinco versículos de Filemón vemos la amabilidad, la compasión y la justicia de Pablo. Es probable que Pablo haya escrito esta carta desde la cárcel en Roma, ya que dice que es "anciano y ahora, además, prisionero de Cristo Jesús" (Filemón vers. 9). Pablo pedía la libertad del esclavo Onésimo. No tenemos manera de saber las circunstancias en las que Pablo se encontró con este hombre. Si leemos entre líneas, podemos pensar que Onésimo había huido de su amo, que era un conocido de Pablo. También es posible que Filemón lo hubiera enviado a Pablo. Era común que los esclavos fueran enviados por sus "dueños" a hacer mandados y, si nos basamos en el contexto de la carta, pareciera que Filemón sabía que Pablo estaba en la cárcel. Quizás Filemón envió a Onésimo para que sirviera a Pablo en lo que pudiera.

Pero Pablo había empezado a imaginar un mundo diferente. Mientras estaba bajo arresto domiciliario en Roma, lejos de su hogar y de su comunidad, Pablo había llegado a conocer a Onésimo. Pablo no lo consideraba un objeto útil, que podía prestarse o del cual uno podía deshacerse; lo veía como un ser humano. Pablo predicó el Evangelio a Onésimo y él creyó. Así como María se sentó a los pies de Jesús, habiendo dejado a un lado las tareas menos importantes por amor al Señor, Onésimo se sentó a los pies de Pablo. Y, así como Jesús hizo con María, Pablo no lo rechazó ni le recordó su "lugar", sino que compartió con él acerca de Cristo como lo habría hecho con cualquier otra persona. Cuando Onésimo aceptó a Cristo, se convirtió en un hijo espiritual de Pablo. La traducción literal de lo que Pablo escribió en griego es: "Yo lo di a luz".

Para nosotros puede parecer algo normal. ¡Por supuesto que era el hijo espiritual de Pablo! Pero, en el mundo antiguo, no era común hablar así acerca de un esclavo. Un esclavo no podía ser el hijo de nadie, porque no era una persona según la ley. No podía tener propiedades, no podía testificar ante los tribunales y, si ganaba dinero con las tareas que se le encomendaban, ese dinero le correspondía a su "dueño", de acuerdo con la ley.

Pablo reconoció que había comenzado una nueva relación en Cristo. Se refirió a Onésimo de una manera única en el Nuevo Testamento: "mi propio corazón" (Filemón 1:12). Pablo quería darle a Filemón la oportunidad de hacer lo correcto y de reconocer esta nueva relación en Cristo por lo que realmente era:

> Tal vez por eso Onésimo se alejó de ti por algún tiempo, para que ahora lo recibas para siempre, ya no como a esclavo, sino como algo mejor: como a un hermano querido, muy especial para mí, pero mucho más para ti, como persona y como hermano en el Señor.
> Filemón 1:15-16

Pablo se refirió a Onésimo por lo que realmente era: "una persona" y "un hermano en el Señor". Pablo escribió una carta prudente, amable y diplomática, como si les estuviera escribiendo a dos hermanos que están peleados, y no a un amo y su esclavo.

Pablo también menciona a Onésimo al final de su carta a los colosenses, en la que lo designa como portador de la carta junto con Tíquico. Ambos fueron instruidos de contar a los creyentes de Colosas todo lo que había sucedido con Pablo en Roma y, en la carta, menciona a Onésimo como un "querido y fiel hermano" (Colosenses 4:9). Era una figura clave en la comunidad cristiana, dado que era una de las pocas personas a quienes se les encomendaban los saludos y los mensajes personales de Pablo.

La palabra "fiel" estaba en el centro de todas las amistades de Pablo: el amor y la verdad de Cristo eran el núcleo. El Señor era el denominador común en su comunidad, y el amor por Jesús era lo que sostenía los vínculos. Pablo nos demuestra que, cuando compartimos a Jesús con alguien a quien amamos, esa conexión pasa a ser inquebrantable, aunque surjan desacuerdos o catástrofes. La otra mitad de ese "fiel" es lo que ocurre cuando mantenemos a Jesús en el centro. Nos comprometemos unos con los otros, de la misma manera en que Jesús es fiel con nosotros. No nos damos por vencidos con las personas. Esperamos cosas buenas de los demás. Creemos en su capacidad para hacer grandes cosas. Confiamos en ellos, compartimos con ellos lo que Dios nos llama a hacer y confiamos en que nos ayudarán a lograrlo. Afrontamos juntos las dificultades. Sobre todo, Pablo nos enseña que una amistad verdadera, así como el amor más profundo, es aquella que empieza y termina en Jesús y tiene su propósito en Él, independientemente de cuán lejos estemos de nuestra casa o los viajes que Dios nos pida que hagamos.

Oración: Padre celestial, gracias por los amigos que nos das para ayudarnos a transitar nuestro camino. Que podamos compartir tu fidelidad y tu verdad a todas las personas que conozcamos, ya sea que estemos en nuestro hogar o viajemos por todo el mundo. Estamos agradecidos por quienes caminan la milla extra con nosotros, quienes oran por nosotros y nos dan aliento cuando más lo necesitamos. Recuérdanos que debemos ser así de amables con los demás y debemos buscar lo bueno y perdonar lo malo. Ayúdanos a incluir a todo tipo de personas en nuestra vida y derramar en ellas tu amor, gracia y misericordia.

Job y sus amigos

Compañeros en la aflicción

Nunca olvidaré esa llamada. Me estaba preparando para cubrir a mi colega, Bret Baier, y presentar su programa *Special Report* a las 18:00 horas. Vi que había aparecido el nombre de mi hermano en mi teléfono, pero el programa estaba a punto de comenzar. *Lo llamaré después.* Pero volvió a sonar. Y sonó una vez más. Me di cuenta de que necesitaba mi atención. Sentí que el mundo se derrumbaba cuando atendí y escuché: "Murió papá". Todo lo que recuerdo es haber gritado "¡no!" una y otra vez. Mis compañeros de trabajo se acercaron de inmediato a ver qué pasaba y entendieron todo al escucharme mientras le pedía más detalles a mi hermano. Al parecer, había muerto tranquilo mientras dormía, pero para mí fue totalmente inesperado, y la noticia me abrumó. Los primeros días transcurrieron entre lágrimas y confusión, pero la angustia recién había comenzado.

Mi padre había preparado un testamento, pero nunca lo firmó. Había más cabos sueltos de los que jamás hubiera imaginado y, de no haber sido por dos de sus mejores amigos, me habría hundido en las disputas legales. Uno de ellos me ayudó a presentar la documentación pertinente ante los tribunales para que me nombraran albacea y pudiera empezar a desenredar el embrollo. Para mí, estos hombres se convirtieron en ángeles en la tierra. Así como habían acompañado a mi padre durante todas sus alegrías y problemas, se dedicaron desinteresadamente a ayudar las veinticuatro horas del día a su hija conmocionada. Sentí que no pude darme el lujo de hacer el duelo durante esos primeros años, porque estaba abrumada por las audiencias judiciales y los documentos financieros. Ellos me sostuvieron hasta que pude recuperar el aliento.

Uno de esos hombres había pasado por días muy oscuros, y mi padre estuvo siempre a su lado. Su vínculo era mucho más que una simple amistad porque su relación tenía sus raíces en el más profundo de los valles. Él fue increíblemente amable y saldó la deuda conmigo. También me ayudó mi amiga Emily, quien me preguntaba cómo estaba y me daba los mejores consejos: *Tan solo haz lo siguiente.* No podía imaginar cómo iba a librarme del peso de intentar liquidar la caótica herencia y mucho menos de las preguntas sin respuesta y el dolor que me atormentaban día y noche. Emily tenía razón y se mantenía firme cuando yo perdía la cabeza. Por supuesto, nada de esto habría sido posible sin el apoyo constante de mi marido, Sheldon.

Nuestros amigos se hacen presentes de muchas maneras en nuestra vida cotidiana, pero a veces es necesaria una crisis para darnos cuenta de cuánto nos bendicen su presencia y sus palabras amables. No son perfectos; nadie lo es. Pero las intenciones de un verdadero amigo siempre son puras, aunque tenga que esforzarse por consolarnos. Esta es la idea principal de la historia del Antiguo Testamento sobre la pena de Job y los amigos que aparecieron en su hora más oscura. Tanto la persona como el libro de Job siempre se han asociado al sufrimiento, a su significado y a los inescrutables caminos de Dios. En general, cuando la gente habla sobre los amigos de Job, lo hacen para criticarlos. El motivo es simple: cuando a Job le sucedían cosas malas, sus amigos le daban un sermón sobre cómo probablemente el sufrimiento era por su culpa.

A primera vista, la estructura del libro de Job parece sencilla: en respuesta al sufrimiento, Job maldijo su nacimiento, sus amigos culparon a Job y, al final del libro, apareció Dios y dijo: "Todos están equivocados". Pero, en realidad, el libro es mucho más complicado, así como la relación de Job con sus amigos. Por un lado, Elifaz, Bildad y Zofar tenían distintos puntos de vista. Por otro lado, no solo sermoneaban a Job, sino que intentaban ayudarlo a comprender el significado de lo que le había ocurrido. No todo lo que decían era verdadero o exacto, pero el hecho de que estuvieran allí y se esforzaran por analizar estos problemas con Job hace que este libro sea una meditación sobre la amistad, y no tan solo sobre el sufrimiento.

Pero volvamos al comienzo. Es probable que Job haya vivido en la época de los patriarcas, antes de que se formara la nación de Israel a partir de Abraham, Isaac y Jacob. Hay historiadores que creen que el libro se desarrolla en el período que sigue a la caída de la Torre de Babel, cuando los hombres descubrieron que tenían manera de asemejarse al Dios Todopoderoso. Si tenemos en cuenta este marco temporal, el libro de Job y los debates que vemos en él son más claros. Todos los que aparecen en esta parte de las Escrituras (Job, Elifaz, Bildad y Zofar) sacaban conclusiones sobre un Dios que conocían por haber admirado la belleza de la creación y por haber oído las historias transmitidas de generación en generación, pero no por haber visto de primera mano su poder sobrenatural en favor de su pueblo. Todavía no tenían los ejemplos de los milagros de Dios en favor de Israel, ya que no habían vivido la división del mar Rojo, ni los mandamientos en el Sinaí, ni el maná en el desierto. Sin embargo, aunque no tenían la ventaja de haber conocido a Dios en el contexto de su pacto con Israel, sí conocían a Dios.

Sabemos que Job era un hombre "íntegro e intachable" y "que temía a Dios y vivía apartado del mal" (Job 1:1). Esto nos recuerda que siempre es posible tener una relación con Dios. La relación de Job con Dios era tan fuerte que Dios lo llamó "mi siervo" (Job 1:8) y lo elogió frente a Satanás y la corte celestial. Eso es lo que puso en marcha la trama del libro: cuando Dios elogió a Job delante de Satanás, el maligno se empeñó en demostrar que Dios estaba equivocado.

> Satanás respondió:
> —¿Y acaso Job te honra sin esperar nada a cambio? ¿Acaso no están bajo tu protección él y su familia y todas sus posesiones? De tal modo has bendecido la obra de sus manos que sus rebaños y ganados llenan toda la tierra. Pero extiende la mano y daña todo lo que posee, ¡a ver si no te maldice en tu propia cara!
> —Muy bien —contestó el Señor—. Todas sus posesiones están en tus manos, con la condición de que a él no le pongas la mano encima.
> Dicho esto, Satanás se retiró de la presencia del Señor.
> Job 1:9-12

La pregunta de Satanás era incómoda y hoy puede (y debería) hacernos sentir incómodos. Debemos preguntarnos a nosotros mismos: *¿Tengo temor de Dios solo por lo que perdería si no lo tuviera? Cuando veo las abundantes bendiciones que Dios me ha dado, la casa, la familia y el trabajo, ¿aumenta eso mi amor y respeto por Dios? ¿O solo aumenta mi amor y confianza* *en Él cuando las cosas van bien? ¿Cómo sería mi relación con Dios si desapareciera todo eso?*

La mayoría de nosotros escondemos estas cuestiones complicadas en lugar de pensar en ellas y resolverlas. Exigen una honestidad visceral y mirarnos al espejo tal cual somos. Sin embargo, hay momentos en que todos nos enfrentamos a estas preguntas, momentos en que estamos completamente desorientados y desconsolados. Tal vez sea una llamada telefónica devastadora o alguien que toca a tu puerta. Puede tratarse de un ser querido que está hundido en las adicciones y no ves forma de rescatarlo. Quizás sea una traición tan fuerte y sorprendente que te hizo cuestionar todo sobre la vida tal y como la conocías.

Un par de años atrás, vi un video de un estudio bíblico de Beth Moore, quien nos llevó a hacernos esas preguntas. Nos pidió que pensáramos en lo que más temiéramos, en el peor escenario posible. Pensé durante mucho tiempo en eso. Algo me dice que, si pienso en las cosas más horribles, mi sistema estará preparado por si realmente suceden. Pero esa no era la reflexión de Beth. Al final del camino más tenebroso que puedas imaginar, habrá una certeza: Dios no habrá cambiado y seguirá estando allí. Cuando somos conscientes de la seguridad de la eternidad, podemos aceptar que nuestro camino entre el presente y ese futuro glorioso pueda ser increíblemente difícil. Satanás juró destruir a Job y poco después la vida de Job se desmoronó por completo.

Es imposible imaginar las pérdidas de Job. Unos salteadores se llevaron toda la riqueza de sus rebaños y una tormenta derrumbó la casa de su hijo mayor, en donde sus hijos estaban festejando, matando a todos. Job aceptó sus pérdidas con una humildad y una gracia que me parece que pocos de nosotros podríamos igualar.

Al llegar a este punto, Job se levantó, se rasgó las vestiduras, se rasuró la cabeza y se dejó caer al suelo en actitud de adoración. Entonces dijo:
"Desnudo salí del vientre de mi madre
y desnudo he de partir.
El Señor ha dado; el Señor ha quitado.
¡Bendito sea el nombre del Señor!".
A pesar de todo esto, Job no pecó ni le echó la culpa a Dios.
Job 1:20-22

Pero Satanás aún no había terminado su experimento malvado. Entonces, volvió a Dios y le pidió permiso para atacar a Job en un área en la que los seres humanos solemos ser muy vulnerables: nuestra salud.

—¡Una cosa por la otra! —respondió Satanás—. Con tal de salvar la vida, el hombre da todo lo que tiene. Pero extiende la mano y hiérelo, ¡a ver si no te maldice en tu propia cara!
—Muy bien —dijo el Señor a Satanás—, Job está en tus manos. Eso sí, respeta su vida.
Dicho esto, Satanás se retiró de la presencia del Señor para afligir a Job con dolorosas úlceras desde la planta del pie hasta la coronilla.
Job 2:4-7

La esposa de Job, cuyo nombre no aparece en la historia, le dijo que se rindiera, maldijera a Dios y se muriera. No cabe duda de que ella también estaba devastada debido a las inimaginables pérdidas que habían sufrido. Pero Job le respondió: "Mujer, hablas como una necia. Si de Dios sabemos recibir

lo bueno, ¿no sabremos recibir también lo malo?" (Job 2:10).
Podemos entender que estaba atravesando un dolor profundo y, a veces, nuestro cónyuge no es la mejor fuente de sabiduría y consuelo. En esta situación, quizás ese fue el motivo
por el cual los amigos de Job se volvieron incluso más importantes para él.

Cuando Job lo había perdido todo y estaba hundido en un
profundo dolor físico y emocional, aparecieron sus amigos:

> Tres amigos de Job se enteraron de todo el mal que le había
> sobrevenido y, de común acuerdo, salieron de sus respecti-
> vos lugares para ir juntos a expresarle a Job sus condolen-
> cias y consuelo. Ellos eran Elifaz de Temán, Bildad de Súah
> y Zofar de Namat. Desde cierta distancia alcanzaron a ver-
> lo y casi no lo pudieron reconocer. Se echaron a llorar a voz
> en cuello, rasgando sus vestiduras y arrojándose polvo y
> ceniza sobre la cabeza, y durante siete días y siete noches
> se sentaron en el suelo para hacerle compañía. Ninguno de
> ellos se atrevía a decirle nada, pues veían cuán grande era
> su sufrimiento.
>
> Job 2:11-13

Desentrañemos los hermosos gestos que tuvieron estos tres amigos, porque cada uno de ellos fue significativo. Se
enteraron de todo lo que le había sucedido a Job y, en vez de
apresurarse a estar con él se reunieron "de común acuerdo"
antes de ir a visitarlo. ¿Por qué? Bueno, reunirse antes quizás
les permitió pensar en cómo querían acercarse a Job y qué podrían decirle. Ir con una intención clara les permitió poner a
Job y sus necesidades en primer lugar y demostró unidad entre los tres amigos. Su plan era "expresarle a Job sus condolen-
cias y consuelo". ¡Son excelentes objetivos para un confidente!

Pero mira lo que ocurrió cuando llegaron para ayudar. Aunque creían que estaban preparados, cuando vieron a su amigo desfigurado, el golpe de realidad los hizo llorar a gritos, se rasgaron las vestiduras y echaron polvo sobre sus cabezas. Estos eran rituales de duelo en el mundo antiguo. Es decir, que se unieron a Job en su agonía. Ninguno le dijo a Job que se calmara, sino que se desmoronaron con él. No observaban el dolor de Job desde fuera, sino que lo acompañaban voluntariamente desde el dolor mismo.

Luego, hicieron lo más importante que podían hacer: nada. Durante siete días y siete noches ninguno de ellos "se atrevía a decirle nada, pues veían cuán grande era su sufrimiento" (Job 2:13). No le ofrecieron clichés ni explicaciones simples; tampoco le aseguraron que todo tendría sentido algún día. El silencio puede ser una señal de respeto, pero también de humildad: reconocemos los propósitos indescifrables de Dios, ante la inmensidad del dolor ajeno, ante lo sagrado de ese lugar y ese tiempo.

Los amigos de Job se hicieron presentes y ofrecieron los regalos de la presencia, el dolor compartido y el silencio. A veces, cuando alguien que conocemos sufre una pérdida terrible, dudamos si deberíamos acercarnos porque nos sentimos incómodos o porque nos preocupa no tener las palabras correctas. Tan solo hazlo. Apartar la mirada del dolor de un amigo siempre será la estrategia equivocada. Sumérgete en la angustia con ellos. Tan solo acércate. De todos modos, en medio de su desconcierto, es poco probable que se acuerden de tus palabras, pero siempre recordarán que estuviste allí. Pablo lo diría así: "Alégrense con los que están alegres; lloren con los que lloran" (Romanos 12:15).

La primera discusión

Finalmente, Job rompió el silencio, y no lo hizo para despotricar contra Dios, sino para maldecir su propio nacimiento. Job deseó no haber nacido. En medio de la desesperación, preguntó: "¿Por qué no perecí al momento de nacer? ¿Por qué no morí cuando salí del vientre?" (Job 3:11). Después, se preguntó por qué no se le había permitido morir cuando era joven, para que las penas no pudieran alcanzarlo. Proclamó: "No encuentro paz ni sosiego; no hallo reposo, sino solo agitación" (Job 3:26).

Elifaz, uno de los amigos de Job, fue el primero que le habló y, antes que nada, hizo referencia a la desesperación de Job. Le recordó que había sido un líder y un maestro para muchas personas, pero agregó: "ahora que afrontas las calamidades, ¡no las resistes!; ¡te ves golpeado y te desanimas!" (Job 4:5). Desafortunadamente, parece que Elifaz insinuaba que Job no seguía el consejo que había dado a los demás. Al leer el libro de Job debemos recordar que, al final, Dios les dijo a estos amigos que estaban equivocados y que lo que habían dicho de Él "no es verdad" (Job 42:8).

> Ponte a pensar: ¿Quién que sea inocente ha perecido?
> ¿Cuándo se ha destruido a la gente intachable?
> La experiencia me ha enseñado
> que los que siembran maldad cosechan desventura.
> El soplo de Dios los destruye;
> el aliento de su enojo los consume.
> Job 4:7-9

Esta es una poesía hermosa, como la mayor parte del libro de Job, pero esconde algo muy poco hermoso. La pregunta "¿Cuándo se ha destruido a la gente intachable?" de Elifaz

daba a entender que, como Job había sufrido grandes pérdidas, no era recto. Insinuó que las pérdidas de Job eran un castigo por algo que había hecho mal. Luego, le recomendó a Job
cómo proceder: "Si se tratara de mí, yo apelaría a Dios; ante él
expondría mi caso" (Job 5:8). Como era un simple mortal, no
sabía que, en realidad Job era el blanco del enemigo y que vivía esta angustia precisamente *porque* Dios había remarcado
cuán recto era Job.

Por último, Elifaz consoló a Job diciéndole que debería
pensar que la ruina que vivía era una corrección amorosa
de Dios:

> ¡Cuán dichoso es el hombre a quien Dios corrige!
> No menosprecies la disciplina del Todopoderoso.
> Porque él hiere, pero venda la herida;
> golpea, pero sana con sus manos.
> Job 5:17-18

En las Escrituras no vemos que los amigos de Job tuvieran las intenciones, pero ¿imaginas algún consejo peor para un
amigo afligido? Es difícil imaginar que alguien diga esto a una
persona que acaba de perder a un hijo o que padece una enfermedad terminal.

La idea de que la desgracia de Job era una consecuencia
directa de su pecado atravesó todos los supuestos consejos
que sus amigos intentaron darle a lo largo del libro. Bildad,
otro de los amigos de Job, puso el dedo en la llaga cuando insinuó que no solo Job había incumplido los mandamientos de
Dios, sino también sus hijos: "Si tus hijos pecaron contra Dios,
él les dio lo que su pecado merecía" (Job 8:4). Si pensamos que
estos comentarios son crueles, está bien; nosotros tenemos
la ventaja de saber exactamente por qué sufría Job, pero sus

amigos no. Nunca debemos dar por sentado que sabemos por qué una persona atraviesa un tiempo de desesperación. Jesús habló sobre la relación entre el pecado y el sufrimiento en el Evangelio de Lucas, cuando le preguntaron por unos judíos galileos a quienes Pilato había ejecutado en Jerusalén:

> En aquella ocasión, algunos que habían llegado contaron a Jesús cómo Pilato había dado muerte a unos galileos cuando ellos ofrecían sus sacrificios. Jesús respondió: "¿Piensan ustedes que esos galileos por haber sufrido así eran más pecadores que todos los demás galileos? ¡Les digo que no! De la misma manera, todos ustedes perecerán a menos que se arrepientan. ¿O piensan que aquellos dieciocho que fueron aplastados por la torre de Siloé eran más culpables que todos los demás habitantes de Jerusalén? ¡Les digo que no! De la misma manera, todos ustedes perecerán a menos que se arrepientan".
> Lucas 13:1-5

Jesús rechazó rotundamente la noción de que estas personas habían muerto porque eran peores pecadores que el resto de Jerusalén. Mencionó dos tipos de muerte, uno provocado por la crueldad de otros seres humanos y otro provocado por un desastre natural, para demostrar que ninguno de ellos ocurrió debido al pecado de las víctimas.

Cuando Jesús advirtió a los oyentes que, a menos que se arrepintieran, iban a perecer, afirmaba que podían perder la posibilidad de la vida eterna en el cielo a menos que prepararan su alma. Él no les decía que se preocuparan por la evaluación de este mundo, ya sea para bien o para mal. El único juicio que importaba era el que vendría después de esta vida.

Jesús solía tomar una pregunta que le habían planteado e invitar a sus oyentes a verla desde una nueva perspectiva. ¿Y si el juicio de Dios sobre los pecadores no tuviera lugar en este mundo, sino en el otro?

Pero los amigos de Job no tenían esta perspectiva, dado que su visión de la vida estaba limitada a este mundo. En este contexto, vemos que todo lo que le decían a Job tenía sentido para ellos. Sabían que Dios era justo; por lo tanto, suponían que todo el sufrimiento que Job experimentaba debía ser un juicio justo. La desesperación de su amigo debía tener un motivo. Pensaron que su responsabilidad era ayudar a Job a encontrar el motivo y solucionar el tema. Pero Jesús nos enseñó que el sufrimiento no siempre está relacionado con el pecado de la persona y que el destino que debe preocuparnos es el de nuestra alma. Jesús hizo que los oyentes dejaran de pensar en los demás y pensaran en sí mismos.

Los amigos de Job tenían ese problema: pensaban que estaban ayudando a Job a descubrir en qué se había equivocado, pero solo le provocaron más dolor. Sin embargo, lo peor estaba por venir. Cuando Job se resistió a las explicaciones simplistas de su sufrimiento y persistió en su desesperación, sus amigos se sintieron frustrados y lo expresaron abiertamente. ¿Alguna vez recibiste ira mal direccionada? Tal vez fuiste tú quien le dio rienda suelta. Ojalá nos detuviéramos un momento y lo pensáramos mejor.

Esto me recuerda a alguien en particular. Este hombre está en medio de una gran lucha. Viene tomando malas decisiones hace muchos años. Antes pensaba que se trataba de alguien inmaduro, pero vi cómo se deterioró y ahora tiene una enfermedad mental. Ya perdí la cuenta de los puentes que ha quemado y de las personas que ha alejado. Casi todos sus conocidos se han dado por vencidos y otros se han vuelto muy hostiles con él. Dijo e hizo cosas que ofendieron a muchas de las personas que intentaron ayudarlo. No me frustra lo que dice ni lo que hace, sino la enfermedad que ahora controla su mente. No soy una profesional e intenté ponerme en contacto con personas que pueden ayudarlo. No soy la única que hizo eso, pero la mayoría abandonó la tarea porque estaban cansados de lo que consideraban manipulaciones. Fijé límites claros con él, pero sigo respondiendo cuando me llama porque sé que tiene una necesidad imperiosa de recibir ayuda. Entiendo por qué muchos lo ven con la perspectiva de los amigos de Job: como si no pudiera admitir sus faltas y, ahora, estuviera siendo castigado por Dios.

Quizás fue Zofar, otro de los amigos de Job, quien más lo ofendió y más se enojó:

> A esto respondió Zofar de Namat:
> "¿Quedará sin respuesta toda esta palabrería?
> ¿Resultará inocente este hablador?
> ¿Todo ese discurso nos dejará callados?
> ¿Te burlarás sin que nadie te reprenda?
> Tú afirmas: 'Mi postura es la correcta;
> soy puro a los ojos de Dios'.
> ¡Cómo me gustaría que Dios interviniera
> y abriera sus labios contra ti
> para mostrarte los secretos de la sabiduría,
> pues esta tiene dos lados!".
> Job 11:1-6ª

Zofar había ido allí para consolar a su amigo, pero diez capítulos después, pedía que Dios reprendiera a Job. Puede ser frustrante que nuestros amigos no nos den la respuesta emocional que creemos que deberían darnos, pero a veces ocurre algo más. Job se resistía una y otra vez a las explicaciones acerca de su sufrimiento y, de esta manera, desafiaba algo más que la capacidad de sus amigos para consolarlo: estaba cuestionando todo lo que creían saber sobre Dios y el universo. Estaba insinuando que podrían estar equivocados. Esta era una situación incómoda; entonces, sus amigos reaccionaron con ira, frustración e, incluso, confusión.

Job respondió con la propuesta de que quizás su visión de Dios era demasiado limitada:

> Con Dios están la sabiduría y el poder;
> suyos son el consejo y el entendimiento.
> Lo que él derriba, nadie lo levanta;
> a quien él apresa, nadie puede liberarlo.
> Si él retiene las lluvias, hay sequía;
> si las deja caer, se inunda la tierra.
> Suyos son el poder y el buen juicio;
> suyos son los engañados y los que engañan.
> Él hace que los consejeros anden descalzos
> y que los jueces pierdan la cabeza.
> Despoja de su autoridad a los reyes
> y ata una soga a su cintura.
> Él hace que los sacerdotes anden descalzos
> y derroca a los que tienen el poder.
> Acalla los labios de los consejeros
> y deja sin discernimiento a los ancianos.
> Cubre de desprecio a los nobles
> y desarma a los poderosos.
> Job 12:13-21

Si hay algo que sabemos de Dios es que suele desafiar la comprensión y las expectativas terrenales. Dios empobrece

JOB Y SUS AMIGOS 241

a los gobernantes de este mundo y derroca a los poderosos. Toda fuente de sabiduría y poder terrenales es una simple tontería para Él. Por lo tanto, Job dio a entender que todas nuestras ideas sobre Dios son precisamente eso: meros pensamientos. No estamos preparados para comprender el inescrutable misterio de la persona de Dios, porque somos demasiado débiles como para concebir su grandeza en nuestra mente, aunque nos creamos muy sabios. Deuteronomio 29:29a nos dice: "Lo secreto pertenece al Señor nuestro Dios".

Cuando Job dijo sus últimas palabras a sus amigos, lanzó una acusación demoledora: afirmó que Dios se negaba a hacerle justicia (Job 27:2). ¡Qué estremecedor! A veces, cuando la gente siente mucho dolor y una pena indescriptible, se enoja con Dios. Quizás suelta palabras en contra de Dios y dice cosas que nosotros quisiéramos responder o, incluso, refutar. El libro de Job nos demuestra que esta actitud no tiene sentido, no solo desde el punto de vista emocional, sino también desde el punto de vista teológico. Porque este es el punto: Job tenía razón. Dios *sí* se había negado a hacerle justicia. Nada de lo que le había sucedido a Job era justo y él no se lo merecía. Si solo existía este mundo (como probablemente creía Job), entonces Job tenía razón: no había justicia para él en este mundo. Pero Dios siempre tiene la última palabra.

El final del debate

Así como aprendemos de los ejemplos de historias de amor que salieron mal, también podemos sacar enseñanzas valiosas de las relaciones que no fueron un ejemplo de la amistad ideal. Con frecuencia, aprendemos las mejores lecciones de los errores de otras personas, incluso de personas que tienen las mejores intenciones, como los amigos de Job. Cuando ayudamos a un amigo que está sufriendo, no nos corresponde a nosotros afirmar con autoridad lo que Dios está haciendo. Cuando alguien atraviesa un dolor profundo y pregunta *¿por qué?*, no deberíamos sentirnos obligados a decir algo más de lo que suele ser la verdad: "No lo sé".

Como cristianos, tenemos un Salvador que conoce nuestro sufrimiento personalmente, ya que Él mismo lo experimentó. Dios no se sitúa lejos de nuestro dolor y promete hacerlo desaparecer, sino que está con nosotros *en* nuestro sufrimiento. Jesús experimentó el rechazo, el dolor y la agonía física. No se olvidó de esas experiencias cuando ascendió al cielo. Él ha vivido nuestro dolor.

En el período más oscuro de mi vida, durante el cual pasé varios años con un diagnóstico erróneo y un dolor crónico insoportable, clamé a Dios muchísimas veces. Aunque Él me bendijo con un médico que finalmente identificó lo que me estaba pasando, me hundí en un oscuro agujero de desesperación cuando el médico dijo: "No tiene cura". En ese momento, toqué fondo. Fue la única vez que sentí que Dios me hablaba directamente, y las palabras que oí no fueron: "¡Te voy a sanar!". Oí claramente: "Estaré contigo". Y así fue. Debido al dolor emocional y físico que me destrozaron el alma, ahora puedo darles seguridad a quienes están sufriendo. *No estás sola. Yo estaré contigo, y Dios nunca te abandonará.*

No siempre tendremos las palabras justas. Nos equivocaremos. Elifaz, Bildad y Zofar hicieron afirmaciones erróneas y esto no le gustó a Dios:

> Después de haberle dicho todo esto a Job, el Señor se dirigió a Elifaz de Temán y dijo: "Estoy muy enojado contigo y con tus dos amigos porque, a diferencia de mi siervo Job, lo

que ustedes han hablado de mí no es verdad. Tomen ahora siete novillos y siete carneros, vayan con mi siervo Job y
ofrezcan un holocausto por ustedes mismos. Mi siervo Job
orará por ustedes, y yo atenderé a su oración y no los haré
quedar en vergüenza. Conste que, a diferencia de mi siervo
Job, lo que ustedes han dicho de mí no es verdad".

Elifaz de Temán, Bildad de Súah y Zofar de Namat fueron y cumplieron con lo que el Señor les había ordenado y
el Señor atendió a la oración de Job.

Job 42:7-9

Los amigos de Job estaban muy equivocados, pero se pre-
ocuparon lo suficiente como para acompañarlo cuando él había perdido todo. Intentaron, con la sabiduría humana, sacar
conclusiones sobre el sufrimiento y sobre cómo resolverlo. Al
final, Dios mismo apareció para defender a Job.

Esto resalta la importancia de poner a Dios en el centro
de nuestras amistades. Job y sus amigos estaban de acuerdo
en que el foco debía ser el propósito del Señor en medio de
la tribulación. Tal vez no coincidían sobre dónde estaba Dios
y puede que sacaran conclusiones erróneas sobre la respuesta, pero al menos su conversación iba en la dirección correcta. ¿Y en nuestra vida? ¿Cómo respondemos cuando nuestros
amigos nos desafían en los temas espirituales? ¿Insistimos
en que es correcta nuestra visión de Dios y del por qué actúa
como lo hace o tenemos un corazón lo suficientemente abierto como para escuchar las maneras en que Dios puede hablar-
nos por medio de nuestros amigos? Además, Job puso la fe en
el centro de estas relaciones al interceder por sus amigos. La
Biblia nos muestra una y otra vez el poder de la intercesión.

Al final, Job recibió una restitución completa y mucho más.
Vemos que Dios "le dio dos veces más de lo que antes tenía"

(Job 42:10). Así como haberlo perdido todo no fue un castigo para Job, su nueva familia y sus riquezas no fueron una recompensa. Job tuvo conversaciones dolorosas, honestas y extensas con Dios y con sus amigos terrenales. Las relaciones reales pueden soportar ese tipo de tormentas. Lo que define una amistad fuerte es tener el valor de ofrecer nuestra presencia y nuestro compromiso.

Oración: Señor, te pido la fortaleza para ser una verdadera amiga para quienes estén atravesando el dolor. Guarda mi corazón y mi lengua. Ayúdame a acompañarlos en silencio. Ayúdame a buscar tu camino y tu propósito en medio del duelo, y a ser honesta cuando no los conozca. Enséñame a ser la voz del consuelo para quienes estén hundidos en la pena.

Jesús y Juan

(LUCAS 5:1-11, MARCOS 3:13-19, MARCOS 9:38-40,
LUCAS 9:51-55, 1 JUAN 4:7-16, MARCOS 8:27-30,
MATEO 26:36-46, MATEO 20:20-28, JUAN 19:25-27,
JUAN 20:3-10, APOCALIPSIS 1:10-18)

Amigos por la eternidad

Cuando Dios se hizo hombre y vino a vivir entre nosotros, experimentó todo lo que implica la vida terrenal y nos demostró cómo vivir aceptando tanto los elementos espirituales como los físicos de la vida. Jesús dijo muchas verdades poderosas para guiarnos hacia la santidad, pero sus relaciones hablan acerca de su naturaleza con la misma elocuencia. Jesús era Dios y tenía amigos íntimos.

Las amistades de Jesús nos enseñan tanto como sus parábolas y sermones.

Cuando yo era joven y empezaba a aprender obras de piano un poco más difíciles, tenía un cancionero en el que había una versión renovada del himno "Oh, qué amigo nos es Cristo" [*What a Friend We Have in Jesus*]. Hasta el día de hoy tengo un himnario de la iglesia sobre el piano. Las letras de los himnos me llenan el corazón y la mente de ánimo y seguridad. Esa canción en particular quedó grabada en mi memoria hace décadas y me trae gran consuelo en el presente. "En sus brazos te recogerá y te protegerá; allí encontrarás consuelo" es una de las tantas promesas entretejidas en la melodía. No es una canción idealista, alejada de la vida real. Cristo fue un amigo y un compañero para quienes compartieron su viaje terrenal hace siglos, así como lo es para nosotros.

Las amistades forman parte de la experiencia humana. Dios nos creó para la comunidad, y Jesús no fue la excepción cuando caminó entre nosotros con forma humana. El ministerio de Cristo se extendió por medio de relaciones fuertes que se forjaron tanto en tiempos de gracia como de persecución. Jesús hizo su vida junto a esas amistades y nos dejó un modelo de amor humano que podemos poner en práctica hoy. En Él vemos cómo las semillas de la conexión que carecen de egoísmo pueden florecer y convertirse en relaciones indestructibles.

Las dos naturalezas de Jesús

Uno de los amigos más íntimos de Jesús —quizás el más íntimo, según el testimonio de los Evangelios— fue el apóstol Juan. Juan estuvo cerca de Jesús en su vida, en su muerte y en su resurrección, de una manera en que ninguno de los otros discípulos estuvo. La relación de Juan con Cristo ilustra dos lecciones: cómo estar cerca de Él en un sentido espiritual y cómo caminar con Él como un amigo. Una gran parte de la información que tenemos sobre Juan y su relación con Jesús proviene del libro de Juan. Juan usa la frase "el discípulo a quien Jesús amaba" cinco veces para describirse a sí mismo en el Evangelio (Juan 13:23, 19:26, 20:2, 21:7 y 21:20). En vez de hacer referencia a sí mismo como alguien especial, esta descripción parece ser el intento de Juan por minimizar su papel en la narración, ya que se reduce a alguien definido por su relación con Jesús, y no por su nombre.

Al parecer, la humildad era un rasgo distintivo de Juan. La historia no se trataba de él. Pero también es importante pensar en las palabras que eligió para describirse. El verbo "amado" puede ser *ágape* o *phileo*. La definición de *ágape* es el amor espiritual profundo que ve al objeto de ese amor tal como Dios lo ve, es el tipo de amor que solo busca el bien del amado; es un amor divino que tiene sus raíces en un amor compartido por Dios. El amor *phileo* es el afecto profundo de la amistad, es el tipo de amor que se alegra por la compañía del ser amado. Es el tipo de amor humano que solemos asociar con los amigos más íntimos. Así como Mateo hizo énfasis en la realeza de Jesús, Marcos se centró en su servicio y Lucas en su humanidad. En tanto, Juan destacó la divinidad de Jesús desde las primeras palabras de su Evangelio.

Jesús era un amigo para sus discípulos y el Señor a quien debían adorar. Les dio instrucciones muy claras sobre cómo debían conectarse con Él y ser un verdadero amigo.

Y este es mi mandamiento: que se amen los unos a los otros como yo los he amado. Nadie tiene amor más grande que el que da la vida por sus amigos. Ustedes son mis amigos si hacen lo que yo les mando. Ya no los llamo siervos, porque el siervo no está al tanto de lo que hace su amo; los he llamado amigos, porque todo lo que a mi Padre le oí decir se lo he dado a conocer a ustedes.
Juan 15:12-15

En primer lugar, debemos amar a los demás como Cristo lo hizo. Él no fue para nada egoísta y nosotros debemos intentar ser así en nuestras relaciones. Jesús también nos dijo que no hay nada más grande que dar la vida por los demás. No sabíamos cuán literal sería esta afirmación. Cristo también nos llamó a seguir sus mandamientos como una muestra de obediencia y humildad. Por último, rompió la distancia entre Él y sus seguidores. *No son unos conocidos distantes, sino que verdaderamente son mis amigos.*

Vemos cómo Jesús y los discípulos, así como otros amigos íntimos, vivían en comunidad. Piensa cuán bien se llega a conocer a otra persona al viajar juntos. Eso es lo que hacían casi todo el tiempo desde el comienzo de su ministerio. Compartían las comidas, buscaban lugares para alojarse y tenían experiencias como el agotamiento y el hambre. Esto elimina cualquier tipo de pretensión. En esas circunstancias, se ve el verdadero carácter de una persona.

Esta situación me hace pensar en uno de mis programas de televisión preferidos, *The Amazing Race*. En este programa, se forman parejas de compañeros de trabajo, familiares, amigos o parejas románticas, y se las envía a seguir pistas increíbles por todo el mundo. Todos empiezan con bonitos atuendos que hacen juego o con una conmovedora historia sobre cómo se conocieron. Pero, cuando te quedas sin dinero y te ves obligado a comer ojos de escorpión en una tierra lejana donde no entiendes el idioma, todo se complica. Aunque intentar el desafío de *The Amazing Race* me parezca emocionante, no estaría dispuesta a someter a ninguna relación significativa a ese tipo de estrés. Pero Jesús y sus discípulos vivieron y trabajaron juntos en condiciones estresantes. Y, a través de esa lente, somos testigos del cuidado de Cristo por quienes están cerca de Él.

Hijo del trueno, apóstol del amor

¿Quién era este Juan a quien Jesús amaba? La mayoría de los estudiosos creen que Juan era el hermano menor de Santiago, que fue el primer mártir entre los apóstoles. Juan pescaba en el mar de Galilea. Él y Santiago eran socios de otro par de hermanos, Simón Pedro y Andrés. Jesús llamó a estos cuatro hombres mientras estaban en sus barcas junto a la orilla. Andrés y Pedro ya habían visto a Jesús (Juan 1:35-42), pero recién en ese encuentro en el mar de Galilea, Jesús los invitó al ministerio a tiempo completo:

> Subió a una de las barcas, que pertenecía a Simón, y le pidió que la alejara un poco de la playa. Luego se sentó, y enseñaba a la gente desde la barca.
>
> Cuando acabó de hablar, dijo a Simón:
>
> —Lleva la barca hacia aguas más profundas y echen allí las redes para pescar.
>
> —Maestro, hemos estado trabajando duro toda la noche y no hemos pescado nada —contestó Simón—. Pero, como tú me lo mandas, echaré las redes.
>
> Así lo hicieron y recogieron una cantidad tan grande de peces que las redes se les rompían. Entonces llamaron por señas a sus compañeros de la otra barca para que los ayudaran. Ellos se acercaron y llenaron tanto las dos barcas que comenzaron a hundirse.
>
> Al ver esto, Simón Pedro cayó de rodillas delante de Jesús y le dijo:
>
> —¡Apártate de mí, Señor; soy un pecador!
>
> Es que él y todos sus compañeros estaban asombrados ante la pesca que habían hecho, como también lo estaban Santiago y Juan, hijos de Zebedeo, que eran socios de Simón.
> Lucas 5:3-10a

Al darles una pesca milagrosa, Jesús demostró que su poder sobrenatural podía cambiar su vida cotidiana. Tal vez sea fácil ignorar el llamado de Dios cuando usamos un lenguaje espiritual pomposo, pero es mucho más difícil cuando cientos de peces desbordan la barca. Jesús usó una metáfora sobre la pesca para responder al temor de Pedro: "No temas, desde ahora serás pescador de hombres" (Lucas 5:10b).

A Jesús le encantaba expresar verdades profundas con ilustraciones de la vida cotidiana que sus compañeros humanos pudieran comprender. Del mismo modo en que se hizo carne para revelarnos a Dios, escondió ideas complicadas en parábolas comprensibles. Así, Pedro, que conocía a Jesús hacía un tiempo, lo "entendió" por primera vez, al igual que sus amigos Santiago y Juan. Los cuatro hombres, Pedro, Andrés, Santiago y Juan, "llevaron las barcas a tierra y, dejándolo todo, lo siguieron" (Lucas 5:11).

Pero, como veremos más adelante, la atracción de Santiago y Juan por Jesús se basó en lo que los "asombró" en este encuentro: el poder sobrenatural. Cabe mencionar que Juan no siempre era el discípulo más sabio. De hecho, a veces era un poco impulsivo. Sabemos que Juan estaba lleno de pasión, porque Jesús mismo nos lo dice. Veamos en el Evangelio de Marcos qué sucedió cuando Jesús designó a doce de sus discípulos para que fueran apóstoles.

> Subió Jesús a una montaña y llamó a los que quiso, los cuales se reunieron con él. Designó a doce, a quienes nombró apóstoles, para que lo acompañaran y para enviarlos a predicar y ejercer autoridad para expulsar demonios.
>
> Estos son los doce que él nombró: Simón (a quien llamó Pedro); Santiago y su hermano Juan, hijos de Zebedeo (a quienes llamó Boanerges, que significa "Hijos del trueno"); Andrés, Felipe, Bartolomé, Mateo, Tomás, Santiago, hijo de Alfeo, Tadeo, Simón el Zelote y Judas Iscariote, el que lo traicionó.
> Marcos 3:13-19

Jesús mismo les dio a Santiago y Juan el apodo "hijos del trueno". Desde el principio de su ministerio, Jesús supo quiénes eran realmente estos hombres. Eran pasionales y estaban llenos de fervor y, a veces, se apresuraban por hacer caer la ira de Dios sobre quienes no estaban de acuerdo con ellos. Pero nada de eso los descalificaba para ser amigos y seguidores de Jesús.

Cuando los apóstoles volvieron de la primera misión a la que Jesús los había enviado, estaban llenos de fervor y asombro ante el poder de Dios, aunque ninguno estaba tan emocionado como Juan.

—Maestro —dijo Juan—, vimos a un hombre que expulsaba demonios en tu nombre y se lo impedimos, porque no es de los nuestros.

—No se lo impidan —respondió Jesús—. Nadie que haga un milagro en mi nombre puede luego hablar mal de mí. El que no está contra nosotros está a favor de nosotros. Marcos 9:38-40

En su afán por defender el honor y la reputación de Jesús, Juan intervino y le dijo a alguien que dejara de usar el nombre de Jesús para sanar a las personas. Jesús tuvo que recordarle que su círculo íntimo no tenía un monopolio para invocar el nombre de Cristo y hacer milagros. Le pidió a Juan que no considerara la intimidad de los discípulos con Jesús como una exclusión de los demás. Y añadió: "Les aseguro que cualquiera que les dé un vaso de agua en mi nombre por ser ustedes de Cristo no perderá su recompensa" (Marcos 9:41).

Al parecer, no entendieron bien la lección porque el próximo evento nos muestra una vez más a los hijos del trueno con ansias por la retribución divina:

Como se acercaba el tiempo de que fuera llevado al cielo, Jesús se hizo el firme propósito de ir a Jerusalén. Envió por delante mensajeros, que entraron en un pueblo samaritano para prepararle alojamiento; pero allí la gente no quiso recibirlo porque se dirigía a Jerusalén. Cuando los discípulos Santiago y Juan vieron esto, preguntaron:

—Señor, ¿quieres que hagamos caer fuego del cielo para que los destruya?

Pero Jesús se volvió a ellos y los reprendió. Luego siguieron la jornada a otra aldea.

Lucas 9:51-56

Desde la perspectiva de Santiago y Juan, la insolencia de los samaritanos era mucho peor que alguien que invocaba el nombre de Jesús con un conocimiento imperfecto. Lo consideraban malicia intencional y desobediencia a Dios. Querían que el fuego consumiera a los samaritanos que se habían atrevido a deshonrar a su Señor. Esta vez, el texto da a entender que Jesús no fue tan amable con ellos y los reprendió por haber deseado que ocurriera eso con personas que habían actuado sobre la base de su ignorancia.

Es interesante comparar a este Juan impulsivo con el Juan que aparece unas hojas más adelante en el Nuevo Testamento. Juan nunca dejó de ser profundamente leal a Jesús, pero aprendió a moderar esa pasión con amor. También aprendió a no autoproclamarse el guardián del reino de Dios. La primera carta de Juan es un alegato a favor del amor cristiano y el dominio propio, pase lo que pase, en el que afirma que *todo* el que ama ha nacido de Dios. ¡Qué cambio increíble!

Queridos hermanos, amémonos los unos a los otros, porque el amor viene de Dios y todo el que ama ha nacido de él y lo conoce. El que no ama no conoce a Dios, porque Dios es amor. Así manifestó Dios su amor entre nosotros: en que envió a su Hijo único al mundo para que vivamos por medio de él. En esto consiste el amor: no en que nosotros hayamos amado a Dios, sino en que él nos amó y envió a su Hijo para que fuera ofrecido como sacrificio por el perdón de nuestros pecados. Queridos hermanos, ya que Dios nos ha amado así, también nosotros debemos amarnos los unos a los otros. Nadie ha visto jamás a Dios, pero si nos amamos los unos a los otros, Dios permanece entre nosotros y entre nosotros su amor se ha manifestado plenamente. (...) Y nosotros hemos llegado a saber y creer que Dios nos ama. Dios es amor. El que permanece en amor, en Dios permanece y Dios en él.

1 Juan 4:7-12, 16

Juan escribía a una comunidad que había sido destruida por cismas y peleas y por "anticristos" que habían negado a Jesús y traicionado a la familia de la iglesia. Pero Juan les daba el consejo del amor y el perdón, porque había conocido y amado al Jesús hecho carne y resucitado. Esa relación lo cambió para siempre. El amor de Jesús transformó a Juan. No cabe duda de que el cambio en Juan fue provocado por la amistad y la guía de Jesús, que dejaron su marca en Juan. Su relación dio el fruto de esa inversión.

Claro que eso es lo que hace el amor de Dios. Pero eso también es lo que nuestras amistades cristianas deberían generar: animarnos los unos a los otros a ser más como Cristo. El cambio de Juan de un joven impulsivo y moralista a un anciano sabio, amoroso y acogedor nos muestra el poder del crecimiento espiritual y relacional. Cuando estoy atravesando luchas o debo tomar una decisión difícil, hablo con cristianos experimentados que dan en el blanco y me redirigen a Dios y a su verdad. No intentan hacerme entrar en razón ni hacerme sentir mejor si eso no concuerda con la Palabra de Dios. No tienen miedo de decirme, con amor, que me he equivocado o que me he apartado del camino. Tanto ser ese tipo de amigo como recibir ese tipo de consejos exige madurez. Puede ser fácil (y cómodo) decirle a tus amigos lo que quieren escuchar. Jesús no hizo eso con Juan y nosotros no deberíamos hacerlo con nuestros amigos.

El círculo íntimo

Junto con Santiago y Pedro, Juan formaba parte del "círculo íntimo" de los discípulos de Jesús, a quienes llevaba consigo cuando estaba por revelar un milagro o someterse a una gran prueba. Más adelante, Pablo identifica a Pedro y Juan como las columnas de la iglesia de Jerusalén (Gálatas 2:9). Juan estuvo con Jesús, como parte de este grupo, en tres acontecimientos fundamentales: la resurrección de la hija de Jairo, la transfiguración y la agonía en el huerto de Getsemaní. Juan fue testigo de los mejores y los peores momentos.

Cuando Jairo, uno de los jefes de la sinagoga, se acercó a Jesús, estaba desesperado. Su hija se estaba muriendo. Jesús fue a la casa de Jairo y "no dejó que nadie lo acompañara, excepto Pedro, Santiago y Juan, el hermano de Santiago" (Marcos 5:37). Jesús llevó solo a estos hombres cuando fue a levantar y restaurar a esta niña. Esta era la segunda vez que Jesús se revelaba como el Señor de los vivos y los muertos. Fue acompañado de sus amigos más cercanos para que pudieran comprender la verdad acerca de Él, pero también porque confiaba en ellos. Hoy en día, Jesús también nos invita a ver cómo

está obrando. Si somos testigos de su gracia y poder, nos acercamos a Él y podemos conocerlo de una manera más íntima
como nuestro Señor y salvador.

Conocer a alguien y llegar a entenderlo completamente
lleva tiempo. Poco a poco, los confidentes de Jesús, incluido
Pedro, empezaron a discernir más sobre quién era Él.

> Jesús y sus discípulos salieron hacia las aldeas de Cesarea
> de Filipo. En el camino les preguntó:
> —¿Quién dice la gente que soy yo?
> Le respondieron:
> —Unos dicen que Juan el Bautista, otros que Elías y
> otros que uno de los profetas.
> —Y ustedes, ¿quién dicen que soy yo? —preguntó Jesús.
> —Tú eres el Cristo —afirmó Pedro.
> Jesús ordenó que no hablaran a nadie acerca de él.
> Marcos 8:27-30

En este punto, los discípulos conocían a Jesús hacía varios
años y, finalmente, Pedro lo comprendía. Después de esto, Jesús les reveló a sus amigos más cercanos su inminente muerte (Marcos 8:31, Lucas 9:22).

Seis días después, les reveló más sobre su identidad. Estos tres amigos vieron a Jesús en la plenitud de su gloria durante la transfiguración, cuando Jesús se apareció en su forma
glorificada y conversó con Moisés y Elías (Mateo 17:1-8). Los
amigos estaban sorprendidos y aterrados. Su maestro y amigo se les reveló con un poder que, hasta ese momento, no sabían que tenía. Estaban tan asustados que Pedro balbuceó
algo sobre levantar tres albergues para las figuras celestiales.

Como había hecho anteriormente, Jesús les indicó que
no contaran a nadie lo que habían visto "hasta que el Hijo del

hombre se levante de entre los muertos" (Mateo 17:9). Quería que el amor venciera al miedo y diera como resultado confianza y obediencia. Y así fue: "Guardaron el secreto, pero discutían entre ellos qué significaría eso de 'levantarse de entre los muertos'" (Marcos 9:10). Pero su temor no había desaparecido, dado que el significado de las palabras de Jesús "estaba encubierto para que no lo comprendieran y no se atrevían a preguntárselo" (Lucas 9:45).

Juan, Pedro y Santiago estuvieron con Jesús en el huerto de Getsemaní. La confianza de Jesús en estos tres amigos estuvo en su punto más alto allí, donde no vieron su gloria (como en la transfiguración) ni su poder (como en la resurrección de la hija de Jairo), sino su desaliento y su dolor. Presenciaron la vulnerabilidad del Señor de los cielos y la tierra.

> Luego fue Jesús con sus discípulos a un lugar llamado Getsemaní y dijo: "Siéntense aquí mientras voy más allá a orar". Se llevó a Pedro y a los dos hijos de Zebedeo y comenzó a sentirse triste y angustiado. "Es tal la angustia que me invade que me siento morir —dijo—. Quédense aquí y manténganse despiertos conmigo".
>
> Yendo un poco más allá, se postró rostro en tierra y oró: "Padre mío, si es posible, no me hagas beber este trago amargo. Pero no sea lo que yo quiero, sino lo que quieres tú".
>
> Mateo 26:36-39

Jesús volvió a ver a los hombres a quienes les había pedido que oraran, no una ni dos, sino tres veces, y los encontró dormidos todas las veces. Su humanidad falible les impedía ser los amigos que Jesús necesitaba en ese momento. Quizás Jesús se lamentó: *¿Por qué no pueden entender lo que está en juego? ¿Por* qué no comprendían a lo que se estaba enfrentando su amigo? Todavía no comprendían la gravedad de lo que estaba por venir.

Solo Juan

Volvamos unos días atrás, antes del huerto, en la última semana antes de la muerte de Jesús. Quizás recuerdas el pedido atrevido que la madre de Santiago y Juan le hizo a Jesús.

> Entonces la madre de los hijos de Zebedeo, junto con ellos, se acercó a Jesús y, arrodillándose, le pidió un favor.
> —¿Qué quieres? —preguntó Jesús.
> Ella le dijo:
> —Ordena que en tu reino uno de estos dos hijos míos se siente a tu derecha y el otro a tu izquierda.
> —Ustedes no saben lo que están pidiendo —respondió Jesús—. ¿Pueden acaso beber el trago amargo de la copa que yo voy a beber?
> —Sí, podemos.
> —Les aseguro que beberán de mi copa —dijo Jesús—, pero el sentarse a mi derecha o a mi izquierda no me corresponde concederlo. Eso ya lo ha decidido mi Padre.
> Mateo 20:20-23

Sí, podemos. Claramente, aún no comprendían el sufrimiento que Jesús estaba a punto de padecer. Santiago y Juan querían ser parte de la acción, pero no sabían que la corona terrenal de Jesús era de espinas, no de oro y piedras preciosas. Estaban por darse cuenta de que su concepción del reino de Dios era totalmente incorrecta. Cuando se acercaba esta realidad, casi todos huyeron con miedo, pero Juan no.

En las últimas veinticuatro horas de la vida de Jesús, Juan estuvo con Él como nadie más, con excepción de su madre. Cuando arrestaron a Jesús, Pedro y Juan lo siguieron desde una distancia segura. Solo Juan era "conocido del sumo sacerdote" (Juan 18:16) y, por lo tanto, le permitieron seguir a Jesús hasta el patio interno de la residencia del sumo sacerdote, mientras que Pedro tuvo que calentarse junto al fuego con los sirvientes. Esto convierte a Juan en un testigo ocular; su testimonio es el de alguien que estuvo allí y vio lo peor del juicio de Jesús.

En su relato, Juan mantuvo el foco en Jesús. Por ese motivo, los lectores solemos olvidar que Juan describió lo que él experimentó durante los terribles acontecimientos que vinieron después. Juan presenció la tortura, los golpes y las burlas en contra de Jesús y fue testigo de su caminata final hasta el lugar de su ejecución. Juan lo vio todo y, así como había sido testigo de la indescriptible gloria de Cristo en su transfiguración, también vio su dolor y humillación. Cuando Jesús fue clavado en la cruz, en medio de su agonía, usó las fuerzas que le quedaban para dar estas instrucciones:

> Junto a la cruz de Jesús estaban su madre, la hermana de su madre, María, la esposa de Cleofás, y María Magdalena. Cuando Jesús vio a su madre y al discípulo a quien él amaba a su lado, dijo a su madre:
> —Mujer, ahí tienes a tu hijo.
> Luego dijo al discípulo:
> —Ahí tienes a tu madre.
> Y desde aquel momento ese discípulo la recibió en su casa.
> Juan 19:25-27

Juan estuvo en el momento final y más humillante de Jesús, junto a cuatro mujeres. No había otros apóstoles presentes.

Ninguno se había quedado. Todos se habían dispersado, como Jesús había predicho, como ovejas sin pastor, y se habían acobardado.

Pero Juan no. El amor que lo había llevado a seguir a Jesús durante el horror de su último día permaneció en él hasta el final. Quizás haya sentido el mismo pánico que el resto de los discípulos: miedo a ser declarado culpable por su relación, miedo a convertirse en un objetivo por haberse quedado allí o miedo a ser el siguiente. Si quienes se burlaban de Jesús acorralaban a los discípulos, no habría dónde esconderse. Serían una presa fácil. La decisión del resto de los discípulos se basó en el miedo, pero Juan aprendió algo que ellos no sabían y sobre lo cual escribiría años más tarde en su primera epístola:

> En el amor no hay temor, sino que el amor perfecto echa fuera el temor. El que teme espera el castigo, así que no ha sido perfeccionado en el amor.
> 1 Juan 4:18

Finalmente, fe verdadera

Así como fue testigo de la crucifixión, Juan también fue uno de los primeros testigos de la resurrección. Pedro y Juan, habiendo sido alertados por María Magdalena, que fue la primera en llevar la noticia de la tumba vacía a los apóstoles, corrieron juntos para verlo por sí mismos:

> Entonces Pedro y el otro discípulo se dirigieron al sepulcro. Ambos fueron corriendo, pero como el otro discípulo corría más rápido que Pedro, llegó primero al sepulcro. Inclinándose, se asomó y vio allí las vendas, pero no entró. Tras él

llegó Simón Pedro y entró en el sepulcro. Vio allí las vendas y el sudario que había cubierto la cabeza de Jesús, aunque el sudario no estaba con las vendas, sino enrollado en un lugar aparte. En ese momento entró también el otro discípulo, el que había llegado primero al sepulcro; y vio y creyó.
Juan 20:3-8

Juan creyó en la resurrección antes de haber recibido cualquier tipo de confirmación. Todo lo que sabían en ese momento era que el cuerpo de Jesús no estaba en la tumba. Lo podrían haber robado y profanado. Debe haber sido insoportable pensar que, incluso después de su muerte, las autoridades romanas y religiosas seguían ensañadas con Él. Pedro y Juan corrieron hacia la tumba y Juan, como era más joven, llegó primero. Cuando entró, lo que vio le pareció suficiente. Si alguien se había llevado el cuerpo, ¿por qué le había quitado las vendas? ¿Por qué el sudario estaba enrollado en un lugar aparte? Para Juan, pronto todo comenzó a cobrar sentido.

Toda esa pasión que había hecho de Juan un hijo del trueno encendió la llama de la fe en su alma. Esta vez, no fue Pedro quien unió las piezas sobre la verdadera identidad de Jesús, sino Juan. Su cerebro dio un salto intuitivo que estuvo impulsado por la fuerza de la fe y del amor. Sin explicación alguna, Juan "creyó". No fue evangelizado por una palabra ni por un sermón; ni siquiera por la aparición de Jesús. Cuando vio a Jesús, Juan ya creía.

Algunos tenemos la bendición de contar con un amigo así, cuya fe en nosotros es tan grande que cree que podemos lograr cosas asombrosas mucho antes de que nosotros mismos podamos verlo. Tener a alguien que invierta ese nivel de confianza en nosotros es una sensación increíble. ¡*Claro que puedes hacerlo!* En momentos y lugares en los que nadie más creía, Juan creyó. Y eso lo sostuvo años más tarde, cuando pagó el precio por su fe inquebrantable en su amigo y salvador Jesucristo.

Con el tiempo, Juan fue exiliado a la isla de Patmos, un lugar remoto en el Mediterráneo. Juan fue el apóstol más joven y el último que murió. Todos se habían convertido en mártires de una manera u otra. Quizás Juan se sintió abandonado y aislado, ya que no tenía a sus hermanos apóstoles ni a la Iglesia que lo había apoyado y alimentado durante tanto tiempo. En Patmos, el Señor se le apareció de nuevo, aunque esta vez no solo como el amigo y compañero terrenal que Juan había conocido durante la vida de Jesús, sino en la plenitud de quien Él era:

En el día del Señor vino sobre mí el Espíritu y oí detrás de mí una voz fuerte, como de trompeta, que decía: "Escribe en un libro lo que veas y envíalo a las siete iglesias: a Éfeso, Esmirna, Pérgamo, Tiatira, Sardis, Filadelfia y Laodicea".

Me volví para ver de quién era la voz que me hablaba y al volverme vi siete candelabros de oro. En medio de los candelabros estaba alguien "con aspecto de un hijo de hombre", vestido con una túnica que le llegaba hasta los pies y ceñido con una banda de oro a la altura del pecho. Su cabellera lucía como la lana blanca, como la nieve; y sus ojos resplandecían como llama de fuego. Sus pies parecían bronce al rojo vivo en un horno y su voz era tan fuerte como el estruendo de muchas aguas. En su mano derecha tenía siete estrellas y de su boca salía una aguda espada de dos filos. Su rostro era como el sol cuando brilla en todo su esplendor.

Al verlo, caí a sus pies como muerto; pero él, poniendo su mano derecha sobre mí, me dijo: "No tengas miedo. Yo soy el Primero y el Último. Yo soy el que vive. Estuve muer-

to, pero ahora vivo por los siglos de los siglos y tengo las llaves de la muerte y sus dominios".
Apocalipsis 1:10-18

En las siguientes visiones y revelaciones, Jesús habló con la autoridad del Alfa y la Omega. Aunque parezca increíble, llevó a su discípulo amado al cielo y le mostró los misterios que ningún otro ojo había visto: los ángeles de la corte celestial, el trono de Dios y las milagrosas maravillas que el cerebro humano de Juan apenas podía comprender. Todo esto se le reveló a Juan y se le confió para que nos lo contara a nosotros, sus hermanos creyentes, que hasta el día de hoy leemos sus revelaciones.

El libro del Apocalipsis es el último del Nuevo Testamento, y los eruditos lo han estudiado durante siglos. Exige dedicación, pero solo la sabiduría celestial puede ayudarnos a descifrarlo. En el fondo, el libro es una historia de amor: de Jesús a Juan en su período de aislamiento y castigo, y de Juan a nosotros. Estamos llamados a compartir ese hermoso y poderoso amor de amistad, que es impulsado por Cristo, hasta que Él venga en toda su gloria y podamos decir con su amado Juan: "Amén. ¡Ven, Señor Jesús!" (Apocalipsis 22:20).

Oración: Padre celestial, eres nuestro verdadero amigo. Ayúdanos a seguir tu ejemplo de compromiso, honestidad y compasión. Que permanezcamos firmes en los momentos de pruebas y seamos valientes en las dificultades. Ayúdanos a madurar en Ti y que crezcan nuestra capacidad y nuestro deseo de cuidar a los demás y de seguir tu modelo de amistad y comunión. Gracias por haber demostrado el amor más grande al dar la vida por nosotros.

El amor incondicional de Dios por nosotros

~~~

(EL LIBRO DE OSEAS)

Casi todos los que leen estas palabras se han enfrentado a la angustia y la traición. Pocas cosas duelen tanto como ser engañado y traicionado por alguien a quien le confiaste tus miedos más profundos y tus sueños más grandes. Es como una conmoción que golpea cada parte del corazón y del alma, una herida que parece incurable, en especial durante los primeros días tras haber descubierto la maldad.

Sí, el amor y las amistades implican un riesgo, pero este no es motivo para aislarnos. C. S. Lewis nos advirtió sobre este error en su libro *Los cuatro amores*:

> Si amas algo, tu corazón sin duda será estrujado y, posiblemente, roto. Si quieres asegurarte de conservarlo intacto, no debes dar tu corazón a nadie... enciérralo en el cofre o el ataúd de tu egoísmo. Pero en ese cofre —seguro, oscuro, inmóvil, sin aire— cambiará; no se romperá, pero se volverá irrompible, impenetrable e irredimible.[1]

No existe mejor ejemplo de un amor dispuesto a correr todos los riesgos, a soportar la traición y a hacer el mayor sacrificio que el amor incondicional de Dios por ti. Aunque sabía cuánto pecaríamos en contra de Él y que lo rechazaríamos, Dios eligió crear y amar al ser humano.

Imagina tener la fuerza no solo para perdonar a quien te traicionó, sino también para abrazarlo con amor y bondad después de haber descubierto su hipocresía. Eso es lo que nuestro Padre celestial hace por nosotros día tras día, minuto tras minuto, segundo tras segundo, sin importar cuántas veces se alejen de Él nuestros corazones infieles. El amor inconmovible de Dios por nosotros es una realidad asombrosa retratada en una de las historias más complejas del Antiguo Testamento: Oseas y Gómer.

El amor de Dios representado en Oseas y Gómer

Oseas era un profeta de la nación de Israel durante la época de uno de sus tantos desvíos. Hay muchos datos extraordinarios sobre Oseas, como su matrimonio, que fue diseñado por Dios. La mayoría debe pensar: *¡Estupendo, un matrimonio creado en el cielo!* No precisamente. No relacionamos el matrimonio que vemos en los primeros capítulos del libro de Oseas con el romance. No deja una sensación amorosa, sino una desagradable. Pero, al igual que todas las historias de la Biblia, rebosa de lecciones y verdades que pueden aplicarse hasta el día de hoy. Todo empezó con una tarea muy difícil que Dios dio a Oseas.

> Cuando el Señor comenzó a hablar por medio de Oseas le dijo: "Ve y toma por esposa una prostituta y ten con ella hijos de prostitución, porque el país se ha prostituido por completo. ¡Se ha apartado del Señor!".
> Oseas 1:2

¡Qué sorpresa! No era una petición, sino una orden. ¿Dudó Oseas? *Señor, ya es bastante difícil ser un profeta aquí, ante personas que no quieren oír lo que tengo que decir. ¿Ahora me pides que elija a una pareja que está lejos de ser la ideal para que me acompañe en la tarea?*

Durante el ministerio de Oseas, el pueblo de Israel estaba descarriado una vez más. Bajo el reinado de Jeroboán II, les iba bien políticamente y, desde el punto de vista mundano, estaban prosperando. Sin embargo, su corazón iba detrás de cualquier cosa, con excepción del Dios que los había liberado de la esclavitud en Egipto unos siglos antes. También eran un reino dividido: Israel al norte y Judá al sur. La idolatría y la inmoralidad, así como el soborno y la corrupción, eran prácticas habituales. Dios dijo a Oseas que su pueblo "se ha apartado del Señor" (Oseas 1:2). Por tanto, la misión celestial de Oseas era contraer un matrimonio que sirviera como una representación en la vida real de la relación entre Dios y su pueblo, que estaba en ruinas.

Si Oseas dudó acerca de seguir o no la dirección de Dios, no lo vemos en las Escrituras.

> Oseas fue y tomó por esposa a Gómer, hija de Diblayin, la cual concibió y dio a luz un hijo.
>
> Entonces el Señor dijo: "Ponle por nombre Jezrel, porque dentro de poco haré que la casa real de Jehú pague por la masacre en Jezrel. Así pondré fin al dominio del reino de Israel. Ese día quebraré el arco de Israel en el valle de Jezrel".
> Oseas 1:3-5

A esta altura, ya debes ser consciente de la importancia de los nombres en los tiempos de la Biblia, así que debo advertirte: ajústate el cinturón. Jezrel significa "disperso" o "Dios dispersa" y no cabe duda de que eso iba a suceder con Israel. Los asirios conquistaron Israel en el año 733 a. C. y, más adelante, Babilonia invadió Judá y dispersó al pueblo de Dios a lo largo y a lo ancho de la tierra.

Entonces, ¿quién era Jehú y de qué trataba la masacre? Si nos remontamos en el tiempo, el rey Jehú de Israel comenzó el linaje que llevó a Jeroboán II al trono. Jehú mató a todos los descendientes de Acab en el valle de Jezrel y así estableció su trono. Por lo tanto, la extinción de la casa de Jehú no era una buena noticia para Jeroboán II, y el reino de Israel pronto estaría en graves problemas.

Luego, Oseas y Gómer tuvieron una hija.

Ella volvió a concebir y dio a luz una niña. Entonces el Señor dijo a Oseas: "Ponle por nombre Lorrujama, porque no volveré a mostrar amor al reino de Israel, sino que le negaré el perdón".

Oseas 1:6

¿Te gustaría cargar con el nombre "no amado"? Algunos teólogos dicen que también puede interpretarse como "sin misericordia". De cualquier modo, el nombre de esta niña era una profecía devastadora: Dios había llegado a un punto de quiebre con el pueblo de Israel. ¿Qué habrá pensado la gente sobre el peculiar matrimonio de Oseas? No solo se había casado con una mujer promiscua, sino que daba a sus hijos nombres fatídicos y deprimentes. Pero, si Dios nos pide algo, siempre tiene un propósito. Dios ilustró aún más verdades por medio de Oseas y Gómer.

A continuación, tuvieron un hijo.

Cuando ella dejó de amamantar a Lorrujama, volvió a concebir y tuvo otro hijo. Entonces el Señor dijo a Oseas: "Ponle por nombre: Loamí, porque ustedes no son mi pueblo y yo no soy su Dios".

Oseas 1:8-9

¿Cómo puede ser? Los israelitas eran el pueblo *escogido* por Dios y, sin embargo, por medio del matrimonio de Oseas, Dios les mostraba cuánto habían dañado su pacto con Él. Esto no implica que Dios se estuviera distanciando de los israelitas, sino que eran *ellos* quienes se habían alejado de Él.

Pero, incluso en el sombrío pronóstico representado en el matrimonio de Oseas y Gómer, y en los nombres de sus hijos, Dios ofrecía esperanza. Sí, el libro de Oseas está lleno de advertencias y mucho amor difícil, pero también contiene los inconfundibles temas de la misericordia y la restauración. Habiendo denunciado la ruptura de la relación entre los israelitas y Dios, el Señor dejó entrever lo bueno que estaba por venir para Israel.

Con todo, los israelitas serán tan numerosos como la arena del mar, que no se puede medir ni contar. Y en el mismo lugar donde se les llamó Loamí, se les llamará "hijos del Dios viviente". El pueblo de Judá se reunirá con el pueblo de Israel y nombrarán un solo jefe; resurgirán en su país, porque grande será el día de Jezrel.
Oseas 1:10-11

Bien, si sientes un golpe bajo, no estás sola. Dios explicó con claridad cuán decepcionado estaba del pueblo de Israel, señaló sus pecados y dio nombres descriptivos. Después, como hace tantas veces con nosotros, dio a Israel un futuro de restauración. Pero todavía no habían llegado allí.

En Oseas 2, el Señor dio los detalles dolorosos acerca de la infidelidad de Israel hacia Él y de nuevo los retrató en el contexto de un matrimonio que se desmoronaba. Dijo que su pueblo debía ser reprendido y que "se quite del rostro el maquillaje de prostituta" (Oseas 2:2).

De lo contrario, la desnudaré por completo;
la dejaré como el día en que nació.
La pondré como un desierto:
la convertiré en tierra seca
y la mataré de sed.
No tendré compasión de sus hijos,
porque son hijos de prostitución.
Su madre es una prostituta;
la que los concibió es una desvergonzada.
Pues dijo: "Quiero ir tras mis amantes,
que me dan mi pan y mi agua,
mi lana y mi lino, mi aceite y mis bebidas".
Oseas 2:3-5

El pueblo de Israel aceptaba abiertamente a dioses falsos, perseguía placeres hedonistas y había perdido los fundamentos espirituales. Cuán lastimado debió haberse sentido el Señor, su Dios, quien los había liberado una y otra vez, así como debe ocurrir cada vez que pongo mi atención en otras cosas.

Más adelante, el Señor dijo que el pueblo de Israel había elegido ir tras los "amantes" y atribuirles todo lo bueno de la vida (Oseas 2:5) y hacía caso omiso, voluntariamente o no, a que esos regalos provienen de Dios. No solo eso, sino que Israel también tomó esas bendiciones *del* Señor y se las ofreció *a* un dios falso.

Ella no ha reconocido que fui yo
quien le dio el grano, el vino nuevo y el aceite.
Yo le había multiplicado la plata y el oro,
que ella usó para Baal.
Oseas 2:8

A pesar de que vemos cómo el pueblo se aparta de Dios, me encanta lo que la historia de Oseas nos muestra acerca del corazón de Dios: Él no abandonaría a su pueblo sin dar pelea.

Por eso le cerraré el paso con espinos;
la encerraré para que no encuentre el camino.
Perseguirá a sus amantes y no los alcanzará;
los buscará y no los encontrará:
entonces dirá:
"Prefiero volver con mi primer esposo,
porque antes me iba mejor que ahora".
Oseas 2:6-7

Dios explicó que le haría la vida difícil a Israel para que su pueblo encontrara el camino de regreso a Él. Esto me recuerda las décadas que los israelitas pasaron vagando por el desierto a causa de su obstinación.

A menudo, Dios permite que pasemos una temporada en un desierto espiritual; no hace esto a pesar de amarnos, sino precisamente *porque* nos ama. Podemos perder mucho tiempo yendo tras cosas de este mundo que, en el mejor de los casos, solo ofrecen paz o satisfacción pasajeras. Pero, cuando ya no tengamos fuerzas, nos daremos cuenta de que nada, excepto Dios, podrá satisfacer nuestros anhelos más profundos y de que, cuanto más huyamos de su amor incondicional, más extenderemos el tiempo de quebranto y separación de nuestro Padre celestial.

Oseas 2:9-13 resume cuán duro era el panorama antes de que Dios se reuniera con su pueblo. Dios dijo que iba a quitarles sus regalos (v. 9), "exhibir su desvergüenza" (v. 10), ponerle fin a sus celebraciones (v. 11), devastar las vides y las higueras que eran "paga de sus amantes" (v. 12) y castigar a Israel por adorar al falso dios Baal y haberse olvidado de Él (v. 13).

Sin embargo, en medio de todo ese dolor, cuando Dios tuvo la atención de Israel, prometió reconquistar a su pueblo.

Por eso, ahora voy a seducirla,
la llevaré al desierto
y le hablaré con ternura.
Oseas 2:14

Las palabras duras, avivadas por la ira de Dios por el rechazo adúltero de su pueblo, se convertirían en renovación y redención. El Señor dijo que iba a devolverle "sus viñedos" (v. 15), que Israel podría llamarlo "esposo mío" en lugar de "mi señor" (v. 15) y que eliminaría las batallas y el peligro "para que todos duerman seguros" (v. 18). La relación sería restaurada.

Te haré mi esposa para siempre.
Te haré mi esposa con derecho y justicia,
en gran amor y compasión.
Te haré mi esposa con fidelidad
y entonces conocerás al Señor.
Oseas 2:19-20

La palabra traducida como "amor" en el versículo 19 es una palabra en hebreo que, según los expertos, es difícil de traducir: *hesed*. Un diccionario del Antiguo Testamento la describe de esta manera:

> Un término de pacto que envuelve en sí mismo todos los atributos positivos de Dios: amor, fidelidad en el pacto, misericordia, gracia, bondad, lealtad; en breves actos de devoción y bondad amorosa que van más allá de las exigencias del deber.[2]

Dios no solo le decía al pueblo de Israel que podía volver a casa con Él, sino que le prometía una restauración mucho más integral: un abrazo de compromiso y compasión.

A partir de ese momento, ¡todo empezaría a mejorar! Dios prometió traer bendiciones a la tierra y cambiar los nombres desmoralizadores que había asignado a los hijos de Oseas.

> Yo la sembraré para mí en la tierra;
> mostraré mi amor a Lorrujama.
> A Loamí lo llamaré Amí;
> y él me dirá: "Tú eres mi Dios".
> Oseas 2:23

Estas palabras de expectativa por la restauración entre Dios y su pueblo se harían realidad en el matrimonio de Oseas y Gómer para que todos pudieran verlo. Veamos ahora el resto de la historia.

En Oseas 3, regresamos al hogar disfuncional del profeta.

> El Señor me dijo: "Ve y vuelve a amar a tu esposa, aunque sea amante de otro y adúltera. Ámala como ama el Señor a los israelitas, aunque se hayan vuelto a otros dioses y se deleiten con las tortas de pasas consagradas que les ofrecen".
> Oseas 3:1

Cuando aún estaba casada con Oseas, Gómer había corrido a los brazos de otro hombre y retomó así sus costumbres promiscuas. Dios sabía que esto sucedería, pero me pregunto si Oseas también lo sabía. Se casó con una mujer que ostentaba su pecado sexual, pero ¿esperaba Oseas que el corazón de su esposa cambiara debido a su amor y atención a partir de ese momento? Aunque Gómer fue infiel a su marido, al igual que el pueblo de Israel fue infiel al Señor, Oseas tomó la difícil decisión de atenerse al plan de Dios. El texto no nos dice que Gómer haya abandonado sus costumbres adúlteras. Oseas no recibió instrucciones de esperar hasta que ella empezara a actuar como se debe. En cambio, Dios le dijo a Oseas que fuera a redimir a su esposa mientras ella todavía vivía en pecado. ¿Te suena familiar? Ya veremos más al respecto.

En representación de cómo Dios redimió a Israel, y de cómo lo hace con nosotros, Oseas fue y compró a su esposa. Aunque no sabemos si Gómer estaba en la prostitución u otro tipo de esclavitud, vemos que su marido la redimió y pagó el precio de su libertad. Pero Dios no le dijo a Oseas que tan solo hiciera una transacción y la trajera de regreso a su casa, sino que especificó: "vuelve a amar a tu esposa" (Oseas 3:1). El profeta llevó a Gómer a su casa, donde le dijo que fuera fiel y le prometió que él también sería fiel a ella.

Este es el tema: en esta historia, todos queremos ser Oseas, pero somos Gómer. Deseamos ser el héroe, pero a nivel espiritual siempre vamos a necesitar que nos recaten. Es fácil señalar con el dedo hacia otro lado, pero lo que necesitamos es un espejo. El amor inagotable de Dios por nosotros no tiene límites; por ese motivo, nos persigue y nos pide que abandonemos nuestro egoísmo. Piensa en las hermosas historias del Antiguo Testamento bordadas en un tapiz de perdón y misericordia y cómo, cada vez que Israel rechazaba los principios y planes de Dios o estaba en circunstancias trágicas, suplicaba por su redención y la recibía.

Una y otra vez, Dios usa la metáfora del matrimonio para ayudarnos a comprender su devoción por nosotros y nuestra relación pasada, presente y futura. Por ejemplo, en Isaías:

"Porque el que te hizo es tu esposo;
su nombre es el Señor de los Ejércitos.
Tu Redentor es el Santo de Israel;
¡Dios de toda la tierra es su nombre!
El Señor te llamará
como a esposa abandonada;
como a mujer angustiada de espíritu,
como a esposa que se casó joven
tan solo para ser rechazada",
dice tu Dios.
"Te abandoné por un instante,
pero con profunda compasión volveré a recogerte.
Por un momento, en un arrebato de enojo,
escondí mi rostro de ti;
pero con amor eterno
te tendré compasión",
dice el Señor, tu Redentor.
Isaías 54:5-8

Más adelante, en Isaías 62:5b, declara: "como un novio que se regocija por su novia, así tu Dios se regocijará por ti".

El amor de Dios representado por medio de Jesucristo

En el Nuevo Testamento, Jesús pintó el mismo cuadro del amor incondicional de Dios por nosotros con la imagen de una relación matrimonial. En Mateo 9, se refirió a sí mismo como "el novio". En Efesios 5, hay muchas imágenes de Cristo como redentor y esposo, mientras que la Iglesia es su amada esposa. Habiendo dicho a los maridos que deben amar a sus esposas "como a su propio cuerpo" (Efesios 5:28), el apóstol Pablo añadió: "yo me refiero a Cristo y a la iglesia" (Efesios 5:32).

Me conmueve la gran cantidad de recordatorios que hay en el Nuevo Testamento acerca del amor ágape de Cristo por nosotros. Pablo lo expresa de una manera hermosa en Romanos 5:

> Difícilmente habrá quien muera por un justo, aunque tal vez haya quien se atreva a morir por una persona buena. Pero Dios demuestra su amor por nosotros en esto: en que cuando todavía éramos pecadores, Cristo murió por nosotros. Romanos 5:7-8

Piensa en la persona que más amas en este mundo. ¿Saltarías delante de un tren para salvar a tu ser querido? Muchos diríamos: "Sí, su vida vale la pena". Ahora, cierra los ojos y piensa en la persona que más te haya dañado. Incluso puede ser una figura histórica que haya causado estragos en el mundo o haya sido responsable de torturas brutales e innumerables muertes. ¿Y por esta persona? ¿Harías algo para asegurarte de que no sufriera daño alguno? Eso es exactamente lo que hizo Jesús... voluntariamente.

Lo cierto es que Jesús sabía que nunca podríamos salvarnos a nosotros mismos. También sabía que mentiríamos, engañaríamos, robaríamos y cosas mucho peores. Pero Él no dijo: *Estoy dispuesto a ser golpeado y crucificado por las personas que mintieron en sus declaraciones de impuestos, pero no por un asesino.* Esto es así porque, incluso un único pecado nos separa de Dios, rompe nuestra comunión con Él y nos deja desesperados y solos. En este mundo caído, puede ser fácil mirar a nuestro alrededor y sentirnos bastante bien si comparamos nuestros pecados con los de los demás. ¿Compartir chismes? No es tan malo como robar un banco. ¿Decir mentiras piadosas? Es inofensivo si lo comparamos con bombardear inocentes. ¿Sabes qué? Todos los pecados tienen el mismo efecto espiritual: la separación eterna de Dios. Por ese motivo, es muy peligroso subir siquiera un escalón de ese pedestal en el que queremos imaginar que estamos.

En la cruz, Jesucristo cargó con todos los pecados que se han cometido y con todos los pecados que se cometerán. Él sabía que necesitábamos un Salvador y, gracias a su amor incomparable e inagotable, decidió saltar al abismo y cargar con nuestros pecados. A veces me cuesta comprender ese nivel de compasión y sacrificio. La Biblia deja claro que tomar esta decisión no fue fácil para el Hijo de Dios. ¿Era una decisión simple? Sí. ¿Era necesaria? Sí. ¿Era difícil? También.

Mientras Cristo oraba en el huerto de Getsemaní antes de que lo detuvieran y crucificaran, vemos lo siguiente en Lucas 22:44:

> Pero como estaba angustiado, se puso a orar con más fervor y su sudor era como gotas de sangre que caían a tierra.

Mateo 26:38-39 registra esta lucha de esta manera:

> "Es tal la angustia que me invade que me siento morir —dijo—. Quédense aquí y manténganse despiertos conmigo".
> Yendo un poco más allá, se postró rostro en tierra y oró: "Padre mío, si es posible, no me hagas beber este trago amargo. Pero no sea lo que yo quiero, sino lo que quieres tú".

Marcos 14 repite la declaración de Cristo sobre que era tal la angustia que lo invadía que se sentía "morir" (Marcos 14:34).

Como era plenamente Dios, Jesús sabía exactamente lo que iba a sufrir. Conocía a la perfección los golpes, la tortura y la humillante muerte que le esperaba. Y también era consciente de las muchas traiciones que cometerían las personas que lo habían proclamado como Mesías. Sabía que incluso su Padre le daría la espalda durante un tiempo. Tan solo imaginar cómo sería estar en ese lugar es doloroso y devastador. ¿Cómo procesarías el hecho de que serás atormentado física y emocionalmente más allá de los límites de lo que puedes soportar y, aun así, optar por seguir adelante? No solo por tu amado hijo, tu cónyuge o tu querido amigo, sino por el peor ser humano que jamás haya pisado la tierra. ¿Quién aceptaría hacerlo?

La decisión de Cristo de caminar voluntariamente hacia su propia crucifixión fue motivada por su amor incondicional hacia nosotros. Piensa en eso. El Creador del universo se rebajó a sí mismo para convertirse en un ser humano y experimentar todas las tentaciones y las pruebas a las que nos enfrentamos, aun sabiendo que su vida en la tierra iba a terminar cuando alguien muy cercano lo entregara a quienes luego lo iban a torturar y ejecutar sin piedad. De tal manera te amaba Dios, incluso desde antes de que existieras.

El Salmo 139:16b nos dice: "todo estaba ya escrito en tu libro; todos mis días se estaban diseñando, aunque no existía uno solo de ellos". Jesús eligió ir a la cruz por ti sabiendo todo sobre tu vida: todas las decisiones buenas y malas, todos los arrepentimientos y todas las veces que elegirías algo, o a alguien, que no fuera Él.

> Pero Dios, que es rico en misericordia, por su gran amor por nosotros, nos dio vida con Cristo, aun cuando estábamos muertos en pecados. ¡Por gracia ustedes han sido salvados!
> Efesios 2:4-5

Amor. Gracia. Misericordia. No es tan solo lo que Dios nos da, sino lo que Él es. En 1 Juan 4:8 dice simplemente: "Dios es amor". A continuación, nos recuerda que este es un pacto incondicional.

> En esto consiste el amor: no en que nosotros hayamos amado a Dios, sino en que él nos amó y envió a su Hijo para que fuera ofrecido como sacrificio por el perdón de nuestros pecados.
> 1 Juan 4:10

No tenemos que presentarnos y exponer nuestro caso para conseguir la atención o el amor de Dios. Nunca podríamos convencer a un juez ni a un jurado de que somos dignos del amor de Dios, y menos mal que no tenemos que hacerlo. No, 1 Juan 4 aclara que el amor de Dios fluye hacia nosotros sin reservas ni negociaciones.

Debería llenarnos de gozo saber que Dios nos ama sin condiciones y que no tenemos que hacer nada para ganarnos su amor. ¡Qué consuelo y qué gloriosa seguridad es tener la certeza de que Él no se irá a ningún lado! Pero no podemos quedarnos aquí. Al cubrirnos con su amor ágape, nuestro Salvador también cultiva nuestra capacidad de compartir ese amor con los demás y eso espera que hagamos. Mostramos nuestro amor al Padre amando como Él ama. En Mateo 5, Jesús dio estas instrucciones a sus discípulos:

> Pero yo digo: Amen a sus enemigos y oren por quienes los persiguen, para que sean hijos de su Padre que está en los cielos.
> Mateo 5:44-45a

Jesús nos dijo que practicáramos usar el don de gracia que nos ha dado. Debemos demostrar un amor que se extienda más allá de los límites terrenales y humanos. Por supuesto que es fácil amar a quienes nos aman, pero Cristo advirtió: "¿Acaso no hacen eso hasta los recaudadores de impuestos?" (Mateo 5:46b). En cambio, nos animó a amar a los demás, incluidos quienes nos hacen daño, con el amor perfecto que nuestro Padre celestial nos extiende a nosotros.

Filipenses 2 nos ordena valorar a los demás y dar importancia a sus intereses por encima de los nuestros. Romanos 15:2 nos insta a edificar al prójimo. Además, 1 Corintios 10:24 es sumamente claro: "Que nadie busque sus propios intereses, sino los del prójimo". ¿Recuerdas que en 1 Juan 4:8 leímos que Dios es amor? Apenas tres versículos más adelante, el apóstol Juan exhorta a los creyentes a amarse unos a los otros de la misma manera que Dios nos ama (1 Juan 4:11).

Estas enseñanzas son contrarias a casi todo lo que el mundo nos dice que hagamos. La sociedad actual nos lleva a hacer lo que nos haga sentir bien sin preocuparnos por las consecuencias para los demás. He visto muchos titulares, blogs y títulos de libros de este estilo: "5 maneras de ser más feliz", "El motivo por el cual deberías ser más egoísta" o "La clave de la felicidad: cómo ponerse a uno mismo en primer lugar". ¡Qué enorme contraste con los actos desinteresados y amorosos de Jesús! Además de su decisión de sacrificar la comodidad celestial para venir y morir por cada ser humano de la historia, estuvo en la trinchera: visitó personas que lo necesitaban con desesperación y que nunca podrían devolverle el favor. Esa es la definición de ágape. Dios sabe que nosotros nunca podremos darle nada de valor a cambio de su amor, así que nos cubre con un amor inmerecido y sin condiciones.

En Juan 8, Jesús se acercó a una mujer que había sido sorprendida en adulterio y estaba a punto de morir apedreada. Vemos cómo Jesús avergüenza a los acusadores y la cubre de perdón. En Marcos 5 y Lucas 8, vemos cómo acepta a una mujer que se había convertido en una marginada sin esperanza a causa de una prolongada enfermedad que hacía que los demás la consideraran "impura". Lucas 19 nos muestra cómo se acercó Jesús a uno de los hombres más odiados de su comunidad: Zaqueo, el recaudador de impuestos. Vemos en la Biblia que, cuando Cristo pidió pasar un tiempo con este hombre, la gente murmuró: "Ha ido a hospedarse con un pecador" (v. 7). En realidad, si Jesús no pudiera estar con pecadores, no podría tener comunión con nadie.

La historia del intercambio entre Jesús y la mujer samaritana que vemos en Juan 4 guarda mucha belleza. Los samaritanos y los judíos tenían profundas divisiones y había hostilidad entre ellos, pero además esta mujer había quedado marginada después de una larga sucesión de matrimonios y relaciones fracasadas. Cristo, en vez de avergonzarla o ignorarla, compartió con ella un mensaje de salvación y esperanza: le ofreció el "agua viva" de la salvación y le reveló que Él era el Mesías que ella estaba esperando.

En esto llegaron sus discípulos y se sorprendieron de verlo hablando con una mujer, aunque ninguno preguntó: "¿Qué pretendes?", o: "¿De qué hablas con ella?".
Juan 4:27

¿No te parece maravilloso? Los discípulos sabían que las normas y las tradiciones de la época no fomentaban esta interacción entre Jesús y una mujer samaritana, y ni siquiera la permitían. Sin embargo, debido a la manera cercana y personal en que habían visto que Jesús vivía cuando se acercaba al "más pequeño" (Mateo 25:40), ni siquiera se molestaron en cuestionar lo que estaba haciendo. Cristo había sido un ejemplo de compasión real una y otra vez delante de ellos.

En las Escrituras, encontramos exhortación y vemos que no podemos dejarle este trabajo solo a Jesús. Recordemos sus palabras en Mateo 25 al identificar a quienes formarán parte de su Reino:

> "Porque tuve hambre y ustedes me dieron de comer; tuve sed y me dieron de beber; fui forastero y me dieron alojamiento; necesité ropa y me vistieron; estuve enfermo y me atendieron; estuve en la cárcel y me visitaron". Y le contestarán los justos: "Señor, ¿cuándo te vimos hambriento y te alimentamos o sediento y te dimos de beber? ¿Cuándo te vimos como forastero y te dimos alojamiento o necesitado de ropa y te vestimos? ¿Cuándo te vimos enfermo o en la cárcel y te visitamos?". El Rey les responderá: "Les aseguro que todo lo que hicieron por uno de mis hermanos, aun por el más pequeño, lo hicieron por mí".
> Mateo 25:35-40

Ante la pregunta de un maestro religioso de esa época sobre cuál era el mandamiento más importante, Jesús fue claro:

> "Ama al Señor tu Dios con todo tu corazón, con toda tu alma, con toda tu mente y con todas tus fuerzas". El segundo es: "Ama a tu prójimo como a ti mismo". No hay otro mandamiento más importante que estos.
> Marcos 12:30-31

No separó el mandamiento de amar a Dios del mandamiento de amar a nuestro prójimo como a nosotros mismos (Y, seamos honestos, nacemos egoístas). No conozco mejor ejemplo de obediencia a estos mandamientos que mi madre. He escrito y hablado de su abnegación muchas veces. Mi madre no evita a las personas que están en problemas o en situaciones complicadas, o que no pueden devolverle el servicio o los regalos. Ella *corre* hacia esas personas. Eso es amor ágape.

Entonces, ¿dónde hay más lugar para esto en mi vida? ¿Y en tu vida? ¿Quiénes somos nosotros para acaparar la gloriosa herencia del amor ilimitado, incondicional, redentor y misericordioso de Dios? La Biblia está llena de variantes humanas de este precioso regalo, que son nuestros mejores intentos del amor incondicional que solo Dios puede dar en su forma más pura. El Señor sabe que vamos a fracasar, pero nos llama a intentarlo. Acaparar el amor ágape de Dios para nosotros mismos y no compartirlo con un mundo que verdaderamente lo necesita sería un desperdicio. Alégrate en su amor por ti, ¡y asegúrate de que los demás conozcan las buenas nuevas!

> Pues estoy convencido de que ni la muerte ni la vida, ni los ángeles ni los demonios, ni lo presente ni lo por venir, ni los poderes, ni lo alto ni lo profundo, ni cosa alguna en toda la creación podrá apartarnos del amor que Dios nos ha manifestado en Cristo Jesús nuestro Señor.
> Romanos 8:38-39

Oración: Padre celestial, gracias por el precioso regalo de tu amor inagotable. Ayúdame a recordar que nada de lo que he hecho o pueda hacer sobrepasará tu misericordia y gracia ilimitadas. Antes de que existiera, Tú ya conocías todos mis días y me amabas sin condiciones y sin reservas. Que pueda descansar en esa verdad inamovible. Agranda mi corazón para que pueda compartir tu amor con los demás sin egoísmo y con gran gozo.

Agradecimientos

Compartir las hermosas e inspiradoras verdades de la Palabra de Dios en este libro es una gran bendición, y nada de esto sucede por casualidad. Estoy agradecida a cada uno de los maestros de la Escuela Dominical que ofrecieron su tiempo e invirtieron en mi alma inquieta cada semana en la iglesia. A todas esas personas comprometidas que trabajaron en el programa A.W.A.N.A. los miércoles por la noche para enseñarme a memorizar los versículos de la Biblia que todavía puedo citar: gracias. Desde el jardín de infantes hasta el 12° grado, tuve la bendición de tener maestros que se preocupaban más por mi crecimiento espiritual que por las calificaciones que tendría en la libreta. Y no hay palabras que puedan expresar cuán profundamente agradecida estoy por cada profesor, consejero y asistente de la Universidad Liberty [Liberty University] que me ayudó cuando luchaba por tener una fe verdaderamente personal. Que Dios los bendiga.

Todas estas personas construyeron los cimientos de las palabras que encuentras en estas páginas. Plantaron semillas, y muchos de ellos nunca las vieron dar fruto. Invirtieron en la siguiente generación, y oro para que ellos reciban el crédito por este libro.

El poder de mi madre intercesora, Marie, no tiene comparación. Su aliento y su ánimo inagotables, guiados por su fe inquebrantable, me sostienen y desafían en cada aventura. Mary Grace DuPree, tus reflexiones e ideas son invaluables. Jennifer Stair, tu sabiduría y tu corazón para con estas historias son inigualables. Hannah Long, ¡eres un tesoro! Es increíble ver cómo cada una de estas mujeres puso lo mejor de sí para hacer posible este libro, pero la verdad es que Dios nos conectó, y que Él trabaja por medio de cada una de nosotras para crear algo infinitamente mejor que la suma de nuestras partes.

Lisa Sharkey, no descansas hasta asegurarte de que todo el mundo sepa cómo encontrar estas historias acerca de la bondad de Dios. Jason Klarman, gracias por lanzar estas gemas al universo y comprender que serán de bendición para muchísimas personas. Michael Tammero, ¡creíste en este proyecto desde el principio! ¡Mira lo que han logrado!

Olivia, tu experiencia y tenacidad hicieron realidad esta oportunidad. Tessa, eres una susurradora de calendarios. Te aseguras de tener todo bajo control, desde los podcasts hasta los aviones, trenes y automóviles. Siempre tendré una Coca-Cola *light* en la nevera para ti. Gracias de corazón a Irena Briganti y a nuestro increíble equipo de relaciones con los medios en Fox, en especial a Alexandria Coscia y Caley Cronin por sus incansables esfuerzos los 365 días del año.

Escribir cada capítulo sobre la amistad me recordó cuán bendecida soy por la bondad del Señor que me ha dado las mujeres increíbles y poco convencionales con las que tengo la oportunidad de compartir la vida. En cada temporada, en cada altibajo, tengo alguien a quien acudir. Los grupos The Coraggios y The Sorority están formados por amigas que entienden el cono del silencio y que están presentes cuando la vida se pone difícil. Me hacen reír y me abrazan cuando lloro. Han sido las vasijas terrenales del amor y la verdad de Cristo.

Pero no podría hacer nada significativo sin el amor de mi vida: Sheldon. Shel, eres increíblemente fuerte, en especial en aquellas áreas en las que yo soy débil. Sabes cómo vendar mi corazón cuando está lastimado y cómo asegurarme que "todo va a estar bien". ¡Mis mejores aventuras son contigo! Tú pones orden en el caos. Eres quien más me protege. Al darme a ti, Dios me bendijo con lo mejor que hay en las páginas de este libro: romance y amistad verdaderos. Eres mi mejor amigo y, además, eres muy apuesto.

A mi Padre celestial sea toda la gloria. Gracias por haber rescatado mi alma y por recordarme cada año que nada puede separarme de tu amor. Que todos los que lean estas páginas conozcan esa verdad en lo más profundo de su corazón.

Notas

CANTAR DE LOS CANTARES: EL REGALO DEL AMOR
1. Traducido al español de la edición: Origen, *The Song of Songs Commentary and Homilies* [Orígenes: Comentario y homilía del Cantar de los cantares], traducido al inglés por R.P. Lawson (Nueva York: Newman Press, 1956), 23.

ADÁN Y EVA: LA HISTORIA DE AMOR ORIGINAL
1. Traducido al español de Matthew Henry, *Commentary on the Whole Bible: Genesis 2:21-25* [Comentario de toda la Biblia: Génesis 2:21-25], https://www.biblegateway.com/resources/matthew-henry/Gen.2.21-Gen.2.25, consultado en Bible Gateway el 27 de noviembre de 2022.

EL AMOR INCONDICIONAL DE DIOS POR NOSOTROS
1. Traducido al español de C. S. Lewis, *The Four Loves* [Los cuatro amores] (Nueva York: Harcourt, 1971), 121.
2. Traducido al español de Tremper Longman III y Peter Enns, eds., *Dictionary of the Old Testament: Wisdom, Poetry and Writings* [Diccionario del Antiguo Testamento: sabiduría, poesía y escritos] (InterVarsity Press: Downers Grove, IL, 2020), 6.1.3.

Índice

Sobre la autora

Shannon Bream es la autora de los *bestsellers* número uno del *New York Times*: *Las mujeres de la Biblia nos hablan* y *Las madres e hijas de la Biblia nos hablan*, la presentadora del programa *Fox News Sunday*, y principal corresponsal jurídica del canal Fox News. Ha cubierto casos emblemáticos en la Corte Suprema y acaloradas campañas políticas y batallas legales desde la Casa Blanca hasta el Capitolio.